यू.जी.सी. के नये पाठ्यक्रमानुसार

व्यावसायिक हिन्दी

व्यावसायिक हिन्दी

प्रो. रहमतुल्ला
प्रोफेसर एवं अध्यक्ष
मद्रास विश्वविद्यालय,
चेन्नई-600005

वाणी प्रकाशन

वाणी प्रकाशन

4695, 21-ए, दरियागंज, नयी दिल्ली 110 002

शाखा

अशोक राजपथ, पटना 800 004

फ़ोन: +91 11 23273167 फ़ैक्स: +91 11 23275710

www.vaniprakashan.in
vaniprakashan@gmail.com

VYAVASAYIK HINDI
by Prof. Rahamathullah

प्रथम संस्करण 2011

मूल्य : ₹ 55

हर्ष प्रिंटर्स, दिल्ली-110 093 में मुद्रित

वाणी प्रकाशन का लोगो मक़बूल फ़िदा हुसेन की कूची से

दो शब्द

संप्रति सारस्वत क्षेत्र में हिन्दी का अध्ययन-अध्यापन केवल साहित्य या भाषाविज्ञान तक सीमित नहीं रह गया है। समय के साथ कदम-से-कदम मिलाकर चलने के लिए हिन्दी पाठ्यक्रम में क्रांतिकारी परिवर्तन आया है। वर्तमान में विद्यार्थियों के घोर असंतोष का कारण बेरोजगारी है और शिक्षा का रोज़गारपरक नहीं होना है। अतः उच्च शिक्षण संस्थाओं में हिन्दी के विद्वानों ने हिन्दी अध्ययन-अध्यापन को रोज़गार परक बनाने के लिए हिन्दी के प्रयोजनमूलक पाठ्यक्रम आरंभ किए हैं। प्रशासकीय कार्यालयों में टिप्पण, प्रारूपण और पत्र-लेखन की पद्धति साहित्यिक अध्ययन से भिन्न है। इस आवश्यकता को ध्यान में रखकर स्नातक स्तर पर प्रयोजनमूलक हिन्दी को सम्मिलित किया गया। स्नातकोत्तर स्तर पर डिप्लोमा पाठ्यक्रम आरंभ किए गए हैं। अनुवादकों की बढ़ती हुई माँग के कारण अनुवाद में डिप्लोमा तथा स्नातकोत्तर पाठ्यक्रम की व्यवस्था भी है।

प्रस्तुत पुस्तक का प्रणयन स्नातक स्तर के विद्यार्थियों के लिए किया गया है। प्रयोजनमूलक हिन्दी के टिप्पण, प्रारूपण, पत्र-लेखन एवं अनुवाद का परिचय प्राप्त करने के बाद विद्यार्थी डिप्लोमा अथवा स्नातकोत्तर पाठ्यक्रम में सम्मिलित हो सकता है।

पुस्तक में परिवर्तन-संशोधन के लिए पाठकों से सुझाव प्राप्त हुए तो पुस्तक को अगले संस्करणों में अधिक उपयोगी बनाया जा सकेगा।

नयी दिल्ली

वैसाखी, 2002

प्रो. रहमतुल्ला

विषय-सूची

पत्र-लेखन का महत्त्व

सामान्यतः ऐसी धारणा प्रचलित हे कि पत्र लिखना बहुत सहज और सरल है। इसके लिए विशेष प्रयास अथवा अभ्यास की आवश्यकता नहीं है। वस्तुतः पत्र लिखना एक कला है और इसमें पत्र लिखने वाले का व्यक्तित्व एवं ज्ञान भी झलकता है। संसार के महान प्रतिभावान व्यक्तियों, नेताओं, महापुरुषों आदि के पत्रों के संग्रह संसार की सभी भाषाओं में प्रकाशित हैं जिन्हें बहुत पढ़ा जाता है। पत्र के माध्यम से प्रेम, शोक आदि भावनाएँ प्रकट होती हैं। पत्र मानव मन के भावों की अभिव्यक्ति का सशक्त माध्यम है। पत्राचार व्यापार-व्यवसाय की जान है तो सरकार पत्रों के माध्यम से चलती है। राजनीतिक-कूटनीतिक संबंधों के संदर्भ में भी पत्राचार महत्त्वपूर्ण कड़ी है। पत्र के द्वारा हम किसी का दिल जीत सकते हैं तो किसी को नाराज करके शत्रुता मोल ले सकते हैं। दो देशों के मध्य जो पत्राचार होता है उस संयत कूटनीतिक भाषा का प्रयोग होता है। संक्षेप में पत्र लिखना ऐसी कला है जिसके लिए बुद्धि एवं ज्ञान की परिपक्वता, विषय का ज्ञान, विचारों की विशालता और प्रौढ़ता, अभिव्यक्ति-शक्ति तथा भाषा पर अधिकार की आवश्यकता होती है। इन गुणों के अभाव में पत्र साधारण कोटि के होंगे और हमारी अल्प बुद्धि का प्रदर्शन करेंगे और अपेक्षित प्रभाव उत्पन्न करने में अक्षम होंगे।

पत्र में पत्र-लेखक का व्यक्तित्व उसको बिना देखे ही देखा जा सकता है और पढ़ने वाला उसकी मानसिकता से परिचित हो सकता है।

हमरे दैनिक जीवन में पत्र-व्यवहार का बहुत महत्त्व है। पत्रों के माध्यम से हम व्यक्तिगत समाचारों का आदान-प्रदान करते हैं, वस्तुओं को खरीदने का आदेश देते हैं, आवेदन-पत्र देकर अधिकारियों का ध्यान कठिनाइयों की ओर आकर्षित करते हैं अथवा नौकरी प्राप्त करते हैं। सामाजिक उत्सवों-संस्कारों आदि पर लोगों को आमंत्रित करते हैं या बधाई संदेश प्रेषित करते हैं। स्पष्ट है कि व्यक्तिगत, सामाजिक, सार्वजनिक एवं व्यावसायिक स्तर पर पत्र-लेखन एक महत्त्वपूर्ण कार्य है।

पत्रों के प्रकार

पत्रों का संबंध जीवन के विविध पहलुओं से होता है। अतः विषय के अनुरूप पत्रों को निम्न भागों में विभाजित किया जा सकता है : 1. व्यक्तिगत या वैयक्तिक या निजी अथवा पारिवारिक पत्र, 2. सामाजिक पत्र, 3. व्यावसायिक पत्र, 4. प्रशासकीय पत्र, 5. कार्यालयीय पत्र।

1. व्यक्तिगत या पारिवारिक पत्र : व्यक्तिगत या निजी पत्र अपने निकट संबंधियों, मित्रों, परिचितों को लिखे जाते हैं। इनका विषय पारिवारिक आवश्यकताओं तथा अपेक्षाओं से संबंधित होता है। इनमें निमंत्रण पत्र, शोक-संवेदना संदेश, बधाई पत्र भी सम्मिलित हैं।

2. सामाजिक पत्र : यों तो सामाजिक पत्र भी व्यक्तिगत पत्रों का एक प्रकार है किंतु व्यक्तिगत पत्र में औपचारिकता का अभाव रहता है जबकि सामाजिक पत्र औपचारिकता युक्त होते हैं। इसीलिए निमंत्रण पत्र, शोक-संवेदना और बधाई पत्र सामाजिक पत्रों के अंतर्गत भी रखे जाते हैं।

3. व्यावसायिक पत्र : जो पत्र व्यावसायिक पत्र से संबंधित होते हैं वे व्यावसायिक पत्र कहलाते हैं। ये पत्र व्यावसायिक संस्थान, व्यापारिक कंपनियों, दुकानदारों द्वारा माल खरीदने व बेचने के लिए लिखे जाते हैं या इन्हें कोई ग्राहक लिखता है। इनके द्वारा उत्पादन संबंधी पूछताछ की जाती है या व्यापारिक संबंध स्थापित किए जाते हैं। बैंक या बीमा कंपनियों से संबंधित पत्र-व्यवहार भी इनके अंतर्गत आते हैं। इन पत्रों में विनम्रता के साथ औपचारिकता अधिक होती है। व्यापार में समय का बहुत महत्त्व है अतः संक्षिप्तता इनका प्रमुख गुण होता है।

4. प्रशासकीय पत्र : प्रशासकीय पत्र अन्य प्रकार के पत्रों से भिन्न होते हैं। प्रशासकीय पत्र अधिकारियों द्वारा उच्च अधिकारियों को, मंत्रालयों को आवेदनपत्र या प्रतिवेदन या प्रत्यावेदन (अभिवेदन) के रूप में स्पष्ट, संयत, तथ्यात्मक एवं औपचारिक रूप में लिखते हैं। इनका प्रारूप सामान्य पत्रों से भिन्न होता है। इन पत्रों में शिष्टाचार स्वरूप नमस्कार, नमस्ते या प्रणाम आदि नहीं लिखा जाता है।

5. कार्यालयीय पत्र : इनको सरकारी पत्र भी कहते हैं, क्योंकि सरकारी कार्य

अथवा शासन व्यवस्था हेतु प्रशासन के विभिन्न विभागों की गतिविधियों, आदेशों, सूचनाओं और निर्णयों की सूचना विभिन्न विभागों या व्यक्तियों को भेजना आवश्यक होता है। ऐसे पत्रों को लिखने की सुनिश्चित पद्धति है। पहले इस प्रकार के पत्रों का प्रारूप तैयार किया जाता है और प्रारूप को दो-तीन अधिकारियों द्वारा देखा-सुधारा जाता है, तत्पश्चात् सक्षम अधिकारी द्वारा उसको अनुमोदित करवाया जाता है। अनुमोदन के उपरांत पत्र टंकित होता है। टंकित पत्र और उसकी प्रतियाँ पुनः सक्षम अधिकारी (जिसने अनुमोदन किया था) के सम्मुख हस्ताक्षर हेतु प्रस्तुत किया जाता है। उसके बाद पत्र प्रेषित किया जाता है किंतु प्रेषित करने से पूर्व रजिस्टर में पत्रांक तथा भेजने की तिथि आदि की प्रविष्टि की जाती है और पत्र पर तथा उसके लिफाफे पर भी ये बातें लिखी जाती हैं।

व्यक्तिगत/पारिवारिक पत्रों में प्रयुक्त संबोधन एवं अभिवादन

	संबंध	संबोधन	अभिवादन	अभिनिवेदन
1.	माता/पिता का पुत्र/पुत्री	आदरणीय/पूजनीय पूज्य/प्रातःस्मरणीय/ स्नेहमयी/स्नेही माता जी/पिता जी	सादर चरण-स्पर्श सादर प्रणाम साष्टांग प्रणाम	आपका प्रिय/आज्ञाकारी/ स्नेहाधीन/स्नेहाकांक्षी पुत्र स्नेहाकांक्षिणी/पुत्री
2.	पुत्र-पुत्री को माता-पिता	प्रिय...(नाम) प्रिय पुत्र/पुत्री चिरंजीव...(नाम)	शुभाशीष सस्नेह आशीर्वाद सदा सुखी रहो	तुम्हारा पिता/तुम्हारी माता तुम्हारा शुभाकांक्षी/ तुम्हारी शुभाकांक्षिणी
3.	ज्येष्ठ भाई-बहिन को अनुज/अनुजा	आदरणीय/पूज्य/पूजनीय/ अग्रज/भाई साहब/दीदी जीजी	सादर प्रणाम	आपका अनुज/बहिन/अनुजा सादर चरण-स्पर्श
4.	छोटे भाई/बहिन को ज्येष्ठ भाई/बहिन	प्रिय... (नाम)/ प्रिय अनुज/अनुजा	सस्नेह/शुभाशीष	तुम्हारा अग्रज/बड़ा भाई तुम्हारी अग्रजा/बड़ी बहिन
5.	मित्र को मित्र	प्रिय...(नाम)/ मेरे प्रिय दोस्त/	मधुर स्मृति/ सप्रेम नमस्कार/	तुम्हारा शुभाकांक्षी/शुभाकांक्षिणी/ तुम्हारा अनन्य मित्र/ तुम्हारा

		मेरे अन्तरंग मित्र...(नाम) मेरी अभिन्न सहेली...(नाम)	सस्नेह स्मरण	शुभचिंतक
6.	गुरू को शिष्य /शिष्या	आदरणीय/श्रद्धेय गुरुजी/गुरुवर	सादर प्रणाम/ साष्टांग प्रणाम	आपका आज्ञाकारी शिष्य/ आपकी आज्ञाकारिणी शिष्या
7.	शिष्य/शिष्या का गुरु	प्रिय शिष्य...(नाम) प्रिय शिष्या...(नाम)	शुभाशीष/ स्नेहाशीष	तुम्हारा शुभचिंतक तुम्हारा शुभचिंतक
8.	अन्य संबंधियों को	आदरणीय/पूजनीय/ मामाजी/मामीजी/ चाचाजी/चाचीजी/ फूफाजी/बुआजी	सादर प्रणाम	आपका प्रिय भांजा/भांजी/ भतीजा/भतीजी
9.	अपरिचित को	प्रिय महोदय/महोदया श्रीमान्/सुश्री/श्रीमती	नमस्कार/ बंदे	भवदीय/भवदीया

व्यक्तिगत पत्र

पिता का पत्र पुत्र को

प्रेषक : कृष्णा स्वामी अय्यर
130-बी, त्यागराज नगर
चेन्नई
22 नवंबर, 2000

दिनांक 8 अप्रैल, 2000

प्रिय श्रीकांत,

चिरंजीव रहो!

तुम्हारा पत्र मिला। तुम्हारी परीक्षा 20 दिसंबर को समाप्त हो जाएगी। परीक्षा समाप्त होते ही तुम घर आ जाना। घर आने के लिए तुम रेल में आरक्षण करवा लेना ताकि यात्रा में असुविधा न हो। आरक्षण करवाने के बाद अपने कार्यक्रम की सूचना देना ताकि हम तुम्हें स्टेशन पर लेने आ सकें।

तुम्हारी माँ और छोटी बहन बहुत प्रसन्न हैं कि तुम घर लौट रहे हो। मुझे भी बहुत प्रसन्नता है।

परीक्षा की तैयारी अच्छी तरह करना। स्वास्थ्य तथा अपने खान-पान पर ध्यान देना।

तुम्हारी माँ आशीर्वाद और माला नमस्ते लिखने को कह रही है।

तुम्हारे पत्र की प्रतीक्षा रहेगी।

परीक्षा में तुम बहुत अच्छे अंकों से उत्तीर्ण हो, यही कामना है।

शुभकामनाओं के साथ।

तुम्हारा पिता,

(कृष्णा स्वामी अय्यर)

श्री श्रीकांत रंगनाथन अय्यर
क्रिश्चियन कॉलेज छात्रावास,
शिमला

पुत्र का पत्र पिता को

प्रेषक : श्रीकांत रंगनाथन
क्रिश्चियन कॉलेज छात्रावास
शिमला

30 अप्रैल, 2000

पूज्य पिताजी

सादर प्रणाम!

आपके पत्र से लगता है कि आप मेरे विषय में बहुत चिंतित रहते हैं। मैं अपने खाने-पीने, घूमने, व्यायाम करने और अध्ययन के प्रति सदा सावधान रहता हूँ। इसलिए आप मेरी चिंता न करें। आपने जो छः रुपए भेजे वे काफी हैं। इनसे काम चल जाएगा। 15 मई से गर्मी की छुट्टी हो जाएगी। पढ़ाई सुचारु रूप से चल रही है। आशा है गत वर्ष की भाँति मैं इस वर्ष भी अच्छे अंक प्राप्त कर सकूँगा।

परीक्षा समाप्त होने पर मैं यहाँ से रवाना हो जाऊँगा। माताजी को मेरा प्रणाम और रजनीकांत को मेरा प्यार और शुभाशीष!

आपका प्रिय पुत्र,
श्रीकांत रंगनाथन

प्रति,
कृष्णास्वामी अय्यर
130-बी, त्यागराज नगर
चेन्नई

आदर्श विद्यार्थी बनने हेतु बड़े भाई का पत्र अनुज को

प्रेषक : तिप्पेस्वामी
369-ए-बी ब्लॉक, कुवेंपु. नगर,
मैसूर-570023 (कर्नाटक)

25 मई, 2000

प्रिय श्रीनिवास,

सस्नेह शुभाशीष!

तुम्हारा पत्र मिला। यह जानकर प्रसन्नता हुई कि तुम परीक्षा में उच्च अंक प्राप्त करने के लिए वर्ष के प्रारंभ से ही प्रयास कर रहे हो। जो लोग धीरे किन्तु लगातार चलते हैं वे मंजिल पर पहले पहुँचते हैं। इसलिए तुम अच्छे अंक पाने के लिए निरन्तर प्रयास करो। प्रतिदिन कक्षा में जो भी पढ़ाया जाता है उसको उसी दिन पुनः

पढ़कर स्मरण कर लो। यदि कोई कठिनाई हो तो दूसरे दिन कक्षा (वर्ग) में अध्यापक से पूछकर कठिनाई दूर करो।

समय मूल्यवान है और बीता हुआ समय कभी लौटकर नहीं आता है। इसलिए कभी समय नष्ट मत करना। विद्या अध्ययन के साथ-साथ तुम स्वास्थ्य पर भी ध्यान देना। व्यायाम करना और खेल-कूद में भाग लेकर हृष्ट-पुष्ट बने रहना। गुरुजनों के प्रति आदरपूर्ण व्यवहार करना। मित्रों के साथ प्रेम स्नेहयुक्त व्यवहार करना। और अपने कॉलेज की प्रत्येक वस्तु को अपनी वस्तु मानना तथा किसी भी चीज़ को नुकसान न पहुँचाना तुम्हारा धर्म है। तुम्हारी यह उम्र शिक्षा प्राप्त करने की है, न कि राजनीति में भाग लेने की। अतः राजनैतिक दलों से दूर रहना।

व्यसनों से सदा दूर रहना। तुम्हारा उद्देश्य शिक्षा प्राप्त करने के साथ उच्च-चरित्र निर्माण भी होना चाहिए। चरित्र मनुष्य की सबसे बड़ी संपत्ति है। तुम अधिकारों के प्रति जागरूक रहो मगर कर्तव्य को अधिकार से अधिक महत्त्व दो, क्योंकि कर्तव्य के वृक्ष पर ही अधिकारों के फल लगते हैं।

तुम देश के भावी नागरिक हो। ज्ञान के चरम-शिखर पर पहुँचने का लक्ष्य तुम्हारे सामने होना चाहिए। किन्तु साथ में मानवीय दृष्टिकोण, उज्ज्वल चरित्र, ईमानदारी, नीति, दूसरों के प्रति आदर की भावना की भी अपेक्षा है। तभी तुम आदर्श विद्यार्थी कहलाओगे और भविष्य में देश के आदर्श नागरिक बन सकोगे।
पूज्य माताजी तथा पिताजी की ओर रो शुभाशीष! शांताबाई तुम्हें प्रणाम कह रही है।

अपनी कुशलता और प्रगति का पत्र देना।

सस्नेह,
तुम्हारा ज्येष्ठ भ्राता
तिप्पे स्वामी

प्रति,
श्रीनिवास तिप्पे स्वामी
जवाहरलाल नेहरू महाविद्यालय
बेलगाँव-590008
कर्नाटक

पुत्र का पत्र माता को

सुभाष हॉस्टल
गांधी महाविद्यालय
कोचीन
दिनांक 5 दिसंबर, 2001

आदरणीय माताजी,

सादर प्रणाम!

आपका पत्र पढ़कर दुःख हुआ। आप छात्रावास में मेरे खाने-पीने के संबंध में चिंतित हैं, यह अच्छा नहीं लगा। यों तो घर से आपसे पहली बार अलग हुआ हूँ, इसलिए आपकी चिंता स्वाभाविक है। किन्तु यहाँ अन्य सहपाठियों के साथ जो कुछ भी खाने को मिलता है खूब मजे से खाता हूँ। छात्रावास का खाना भी बुरा नहीं है। मैं ही नहीं सभी संतुष्ट हैं। हाँ, घर जैसा खाना तो कहाँ संभव है, मगर सब मिलकर खाते हैं तो अच्छा लगता है। इसलिए मेरी खाने के विषय में चिंता न किया करें।

मैं मन लगाकर पढ़ाई कर रहा हूँ और हायर सेकेंडरी परीक्षा की भाँति मैं अच्छे अंक लाऊँगा। आपका आशीर्वाद मेरे साथ है।

मैं सानंद हूँ। माला को मेरा प्यार और पिताजी को प्रणाम।

आपका बेटा,
रोहित

श्रीमती शारदा शर्मा
46-डी, विवेक विहार
दिल्ली

बड़े भाई का बहिन को पत्र

बी.ए. फाइनल
गांधी महाविद्यालय
बंगलौर (कर्नाटक)
दिनांक 12 नवंबर, 2001

प्रिय माला,

सस्नेह!

अक्टूबर माह में हमारे कॉलेज की ओर से आगरा व जयपुर की यात्रा का कार्यक्रम था। मैं भी यात्रा दल में सम्मिलित हुआ। इस कार्यक्रम का संक्षिप्त विवरण तुम्हें लिख रहा हूँ।

बंगलौर से हम रेल द्वारा आगरा पहुँचे। आगरा में केन्द्रीय हिन्दी संस्थान के छात्रावास में हमें ठहाराया गया। हमने दिन में आगरा का किला देखा। लाल पत्थर

का बना यह पुराना किला देखने योग्य है। इसके बाद शाहजहाँ द्वारा अपनी बेगम मुमताज की याद में बनाया गया ताजमहल देखा जो पूरा सफेद संगमरमर का बना हुआ है। इसकी सुन्दरता का पत्र में वर्णन करना सम्भव नहीं है। इतना ही कहूँगा कि इसको देखने के लिए विदेशी पर्यटकों की भीड़ थी। संसार में वास्तुकला की दृष्टि से यह एक अपूर्व कलाकृति है।

आगरा से हम जयपुर गए। जयपुर शहर गुलाबी नगर कहलाता है। वास्तव में सारा शहर एक ही रंग के पत्थरों से बना है और इसकी सड़कें बहुत चौड़ी हैं। इस नगर में आगरे का किला, हवामहल, रामबाग पैलेस, म्यूजियम आदि कई दर्शनीय स्थल हैं। जयपुर देखकर मन गद्‌गद हो गया। पत्र में कहाँ तक लिखा जाए, आने पर मैं तुम्हें सारी बातें विस्तार से बताऊँगा। अंत में इतना ही कि मेरी और मेरे मित्रों की यह यात्रा अविस्मरणीय है।

माताजी-पिताजी को मेरा सादर प्रणाम कहना।

तुम्हारा बड़ा भाई,
रमेश कुमार

कु. माला रेड्डी,
4-7-16, खैरताबाद
हैदराबाद

पुत्री का पत्र पिता को

लक्ष्मीबाई छात्रावास
कमला नेहरू महाविद्यालय
मंगलौर
दिनांक 02 दिसम्बर, 2001

आदरणीय पिताजी,

सादर प्रणाम!

आपका पत्र मिला, प्रसन्नता हुई। मेरा अध्ययन सुचारू रूप से चल रहा है। आगामी मार्च में वार्षिक परीक्षा है, मैंने पाठ्यक्रम को दो बार पढ़ लिया है। सारे 'नोट्स' बना लिए हैं। पुराने प्रश्नपत्रों के उत्तर भी लिखकर देखे हैं। मैं तीन घंटे में सभी उत्तर लिख सकूँगी। मैं आपको विश्वास दिलाती हूँ कि मेरा परीक्षाफल बहुत अच्छा रहेगा। आप लोग निश्चित रहें।

पिछले सप्ताह मुझे ज्वर हो गया था। डॉक्टर को दिखाकर दवा ली। डॉक्टर का कहना था कि 'वायरल' ज्वर है। अब मैं पूर्णतया स्वस्थ हूँ और दैनंदिन कार्यक्रम के अनुसार अध्ययनरत हूँ। चिंता न करें।

जनवरी में परीक्षा के लिए आवेदन पत्र भरना है और परीक्षा शुल्क भी जमा

कराना है, अतः मासिक खर्च के अतिरिक्त 500/- (पाँच सौ) रुपए मनीआर्डर द्वारा अथवा बैंक ड्राफ्ट से भेज दीजिए। कुछ पुस्तकें भी खरीदनी हैं।

माताजी को प्रणाम और सुधाकरन को प्यार!

आपकी पुत्री,
पी. मंजुला

●

बड़े भाई का छोटे भाई को पत्र

एम.ए. पूर्वार्द्ध
मैसूर विश्वविद्यालय
मानस गंगोत्री
मैसूर-570006
दिनांक 4 दिसंबर, 2001

प्रिय मुरली,

शुभाशीष!

मैं घर छोड़कर यहाँ आया। पहली बार घर से निकला, इसलिए दो-तीन दिन मन नहीं लगा। छात्रावास में जाते ही 'रैगिंग' हुई किन्तु मैं प्रसन्न हूँ कि यहाँ 'रैगिंग' में कोई अभद्र व्यवहार नहीं किया गया है और न अपशब्दों का प्रयोग किया गया है। यहाँ सभी हँसी-मजाक करते हैं। कद के अनुसार नाटा-लम्बा को क्रमशः छुटका-लंबू आदि नाम दिए जाते हैं। एक लड़का लगभग एक क्विंटल वजन वाला मोटू है। उसको खूब तंग किया। उसका नाम तो मोटू रखा ही गया मगर बेचारे को खेल के मैदान में दौड़ने को कहा गया। लगभग पचास मीटर दौड़ने के बाद मोटू बेचारा हाँफने लगा और मैदान में ही बैठ गया।

बाद में उसको छात्रावास की सीढ़ियाँ उतरने-चढ़ने को कहा तो एक बार चढ़कर वह हाँफ गया। उसकी दशा दयनीय थी। पहले दिन यह रैगिंग का कार्यक्रम हुआ। बाद में वरिष्ठ विद्यार्थियों ने हमको हर तरह की सहायता दी। अब पूरे छात्रावास में स्नेहपूर्ण वातावरण है। वरिष्ठ लोग हमारी सहायता करते हैं।

पढ़ाई शुरू हो गई है। हमारे विभाग के प्राध्यापक बहुत अच्छा पढ़ाते हैं और स्नेहपूर्ण व्यवहार करते हैं।

माताजी-पिताजी को मेरा सादर चरण-स्पर्श कहना।

तुम्हारा अग्रज,
गुरुराज मूर्ति

●

निमंत्रण-पत्र

निमंत्रण-पत्रों की रूपरेखा अन्य पत्रों से भिन्न है। आजकल छपे हुए निमंत्रण-पत्र भेजे जाते हैं जिनमें प्रेषिती के नाम के लिए स्थान खाली रहता है। निमंत्रण-पत्रों में प्रेषक का पता, फोन नं. और तारीख पत्र के नीचे बाईं ओर लिखी जाती है। संबोधन एवं अभिवादन भी नहीं होता। स्वनिर्देश के लिए दर्शनाभिलाषी लिखा जाता है। जिसके नीचे कभी एक तो कभी अनेक नाम होते हैं। खाली स्थान में प्रेषिती का नाम प्रेषक हाथ से लिख देता है।

उदाहरण-1

विवाह के लिए

श्रीमती/श्री... ,

आपको यह जानकर हार्दिक प्रसन्नता होगी कि मेरे सुपुत्र चिरंजीव ललित का शुभ विवाह कुमारी गीता से मंगलवार 18 अगस्त, 2002 को होना निश्चित हुआ है। आपसे साग्रह अनुरोध है कि इस मांगलिक अवसर पर पधारकर वर-वधू को आशीर्वाद देकर हमें अनुगृहीत कीजिए।

4 अगस्त, 2002 — दर्शनाभिलाषी,
173, खेलगाँव, — मोहनलाल
नयी दिल्ली-110029 — एवं परिवार के सदस्य

●

उदाहरण-2

गृह-प्रवेश के लिए

श्रीमती/श्री... ,

आपको यह जानकर प्रसन्नता होगी कि मीरा बाग में हमारे नये भवन में गृह-प्रवेश समारोह रविवार 13 अक्टूबर, 2001 को प्रातः 8 बजे संपन्न होगा। आपसे अनुरोध है कि आप इस शुभ अवसर पर सपरिवार पधारकर हमारे आनंद को द्विगुणित कीजिए।

6 अक्टूबर, 2001 — दर्शनाभिलाषी,
ए-27, मीराबाग, — विनोद कुमार एवं
पश्चिम विहार, नई दिल्ली — परिवार के सदस्य

●

उदाहरण-3

जन्मदिन के लिए

प्रिय टिंकू,

दिनांक 06 नवंबर, 2001 को संध्या 7 बजे मैं तुम्हारा अपने जन्मदिन के अवसर पर इंतज़ार करूँगा।

टीटू

1 नवंबर, 2001
सोलन

●

संवेदना-पत्र

40, कालपेट
पांडिचेरी
15 नवंबर, 2001

प्रिय श्री कुमार,

तुम्हारे पिताजी की मृत्यु का समाचार सुनकर हार्दिक दुःख हुआ। उनका स्वास्थ्य तो बहुत अच्छा था। उनकी आकस्मिक मृत्यु दुःखद है। ईश्वर की इच्छा के आगे हम सब नतमस्तक हैं।

ईश्वर से प्रार्थना है कि उनकी आत्मा को शान्ति प्रदान करे और शोकमग्न परिवार को इस असह्य दुःख को सहने की शक्ति प्रदान करे।

आपका,
पी. रामचंद्रन

●

बधाई-पत्र

बड़ा बाज़ार
शिमला
दिनांक 20 मार्च, 2002

प्रिय मुरलीधरन,

यह जानकर हार्दिक प्रसन्नता हुई कि तुम परीक्षा में प्रथम श्रेणी से उत्तीर्ण हुए हो! मेरी हार्दिक बधाई स्वीकार करो।

तुम्हारा
कृष्णमूर्ति

सामाजिक पत्र

संपादक के नाम–प्रदूषण संबंधी पत्र

कुमारी गीतारानी
माल रोड
शिमला
दिनांक 23 अगस्त, 1999

सेवा में,
संपादक
....
....

महोदय,

मैं आपके लोकप्रिय दैनिक के माध्यम से शिमला शहर में फैल रहे प्रदूषण की ओर संबंधित अधिकारियों का ध्यान आकर्षित करना चाहती हूँ। शिमला की सड़कों पर चलने वाले वाहन, तिपहिया, दोपहिया स्कूटर धुएँ का गुब्बार छोड़ते हुए सड़कों पर दौड़ते हैं। इस धुएँ से सड़क पर चलने वालों को दूषित वायु में साँस लेनी पड़ती है। यह प्रदूषित वायु सारे वातावरण को प्रदूषित कर रही है। परिणामस्वरूप जन-स्वास्थ्य बिगड़ता जा रहा है। इससे कई रोग उत्पन्न हो रहे हैं।

सरकार को चाहिए कि धुआँ छोड़ने वाले वाहनों को सड़क पर चलने की अनुमति न दे। दस वर्ष से अधिक पुराने वाहनों के प्रयोग पर प्रतिबंध लगाया जाए। वाहनों की समय-समय पर जाँच की जाए और प्रदूषण फैलाने वाले वाहनों का पंजीकरण रद्द किया जाए। यदि समय रहते सरकार ने यह कार्यवाही नहीं की तो ये वाहन-स्वास्थ्य के लिए खतरनाक सिद्ध होंगे।

प्रदूषण के संबंध में दूसरी समस्या नगर की गन्दे पानी की नालियों, गलियों और सड़कों की सफाई की है। नगर परिषद द्वारा इनकी सफाई की समुचित व्यवस्था नहीं होने से प्रदूषण में इजाफा (बढ़ोतरी) हो रहा है, अतः सम्बन्धित अधिकारियों को नगर की स्वच्छता हेतु तुरंत ठोस कदम उठाने चाहिए।

कृपया मेरे इस पत्र को अपने बहु प्रचारित समाचार-पत्र में प्रकाशित करने का कष्ट कीजिए जिससे सरकार प्रदूषण की रोकथाम के लिए आवश्यक कदम उठा सके।

भवदीय
गीतारानी

●

सम्पादक के नाम-फिल्मों एवं दर्शन में प्रसारित अश्लीलता संबंधी पत्र

श्रीमती मंजुला माथुर
महात्मा गांधी रोड,
शिमला
दिनांक 29 सितंबर, 2001

सेवा में,
संपादक
....
....

महोदय,

आपका जनप्रिय बहुप्रचारित समाचारपत्र भारतीय संस्कृति का पक्षधर है। इसलिए मैं आपके पत्र के माध्यम से फिल्मों एवं दूरदर्शन में अश्लीलता की ओर ध्यान आकर्षित करना चाहती हूँ। आशा है आप भारतीय संस्कृति पर हो रहे आक्रमण के विरुद्ध व्यक्त विचारों को प्रकाशित करने का कष्ट करेंगे।

आज दूरदर्शन पर विज्ञापनों में नारी के अंगों का विकृत प्रदर्शन किया जा रहा है जिससे उत्पादक अपनी बिक्री बढ़ा सके। सीरियलों में न जाने किस समाज की छवि प्रस्तुत की जा रही है जिसमें विवाह से पूर्व कन्याएँ एकाधिक लड़कों से प्रेम करती हैं और विवाह के बाद वे पति के अतिरिक्त पुरुषों से प्रेम सम्बन्ध रखती हैं। तलाक या विवाह-विच्छेद के प्रसंगों को खूब बढा-चढ़ाकर दिखाया जा रहा है। इन कार्यक्रमों में अभिनेत्रियाँ धन के लोभ में स्त्रियोचित लज्जा तथा भारतीय संस्कृति को त्याग देती हैं।

फिल्मों में भी यही स्थिति है। दूरदर्शन के कार्यक्रम परिवार के सदस्य एक साथ बैठकर देखने में संकोच करते हैं। निर्माता धन-लोलुप हैं। सभी नैतिक मूल्यों को ताक पर रखकर केवल धन अर्जित करने में लगे हैं।

इस भोंड़े प्रदर्शन से हमारी संस्कृति का क्या होगा? हमारी भावी पीढ़ी इस सांस्कृतिक प्रदूषण की शिकार हो रही है। उनके भविष्य के विषय में सरकार को ही नहीं, समाज के प्रत्येक सदस्य को गम्भीर विचार करना चाहिए और इसको रोकने के लिए विरोध प्रकट करना चाहिए ताकि हमारी भावी पीढ़ी तथा संस्कृति की रक्षा की जा सके।

कृपया इस पत्र को प्रकाशित कीजिए। समय-समय पर इस विषय पर सम्पादकीय लिखकर जन-चेतना जाग्रत कीजिए।

भवदीय,
मंजुला माथुर

•

राज्यपाल को निमंत्रण-पत्र

प्रेषक : शंकर शर्मा
अध्यक्ष, विद्यार्थी संघ
राजकीय महाविद्यालय
सोलन (हि.प्र.)

8 सितंबर, 2001

प्रेषित
महामहिम राज्यपाल जी,
हिमाचल प्रदेश
शिमला

मान्यवर,

सादर अभिवादन!

आगामी 22 दिसंबर को हमारा महाविद्यालय 50वाँ वार्षिकोत्सव स्वर्ण-जयंती के रूप में मनाने जा रहा है।

महाविद्यालय के विद्यार्थी संघ ने संस्था की अनुमति से स्वर्ण जयंती समारोह के इस पुनीत अवसर पर आपको मुख्य अतिथि के रूप में आमंत्रित करने का निर्णय लिया है।

इस महाविद्यालय में विशेष अवसरों पर देश की महान प्रतिभाशाली विभूतियों को आमंत्रित करने की परंपरा रही है, सौभाग्य से सदैव उनका आशीर्वाद भी प्राप्त होता रहा है। स्वर्ण जयंती के पावन अवसर पर आपके पधारने से समारोह की गरिमा में चार चाँद लग जाएँगे। आपके पधारने से महाविद्यालय के विद्यार्थियों को प्रेरणा एवं नई दिशा प्राप्त होगी। आपके आशीर्वचनों से हमारा मार्ग प्रशस्त होगा। अतः इस उपलक्ष्य पर हमारी प्रार्थना को स्वीकार करके हमें अनुगृहीत करने की कृपा करें।

अत्यन्त व्यस्त जीवन से कुछ समय निकालकर महाविद्यालय प्रांगण में पधारने की कृपा करें।

आपकी स्वीकृति की प्रतीक्षा में अतीव सम्मान एवं विनय सहित!

विनीत,
शंकर शर्मा

●

व्यावसायिक-पत्र

प्रेषक : श्रीकांत
कमरा नं0 301,
हिमाचल प्रदेश विश्वविद्यालय छात्रावास,
समर हिल, शिमला

दिनांक 22 दिसंबर, 2001

सेवा में,
व्यवस्थापक,
वाणी प्रकाशन,
दरियागंज,
नई दिल्ली-110002

प्रिय महोदय,

कृपया निम्नांकित पुस्तकें ऊपर दिए गए पते पर तुरन्त वी.पी.पी. से भेजने का कष्ट कीजिए :

	पुस्तक का नाम	**प्रतियों की संख्या**
1.	अस्मिता की खोज—डॉ. तिप्पेस्वामी 'पुनीत'	10 प्रतियाँ
2.	अंग्रेजी-हिन्दी कोश—फादर कामिल बुल्के	01 प्रति
3.	साकेत—मैथिलीशरण गुप्त	10 प्रतियाँ
4.	यशोधरा—मैथिलीशरण गुप्त	10 प्रतियाँ
5.	अनुप्रायोगिक हिन्दी—डॉ. कृष्ण कुमार गोस्वामी	01

भेजने से पूर्व पुस्तकों की जाँच कर ली जाए और उचित पैकिंग की जाए। नियमानुसार 10 प्रतिशत कमीशन देने की कृपा कीजिए। वी.पी.पी. छुड़वा ली जाएगी, निश्चिंत रहिए।

भवदीय,
श्रीकांत

●

मेसर्स वाणी प्रकाशन
दरियागंज, नयी दिल्ली-110002
दिनांक 4 जनवरी, 2002

सेवा में,
कमरा नं0 301,
हि.प्र. विश्वविद्यालय छात्रावास,
समर हिल, शिमला

प्रिय महोदय,

आपका 22-12-2001 का पत्र आज मिला। आदेश भेजने के लिए धन्यवाद! आपने जिन पाँच पुस्तकों का आदेश दिया है, उनमें से इस समय 'यशोधरा' उपलब्ध नहीं हैं। शेष चार पुस्तकों की माँगी गई प्रतियों की आज वी.पी.पी. रवाना की जा रही है।

शेष एक पुस्तक को शीघ्र मँगवाकर आपको भेजा जाएगा। कृपया प्रतीक्षा कीजिए।

वी.पी.पी. अवश्य छुड़वा लीजिएगा।

भवदीय,
अरुण कुमार

●

प्रशासकीय पत्र

प्रशासकीय पत्र सरकारी कार्यकलाप को सुचारू रूप से चलाने के लिए कार्यालयों, मंत्रालयों और विविध समवायों तथा विभागों के बीच लिखे जाते हैं। ये पत्र अधिकारियों द्वारा अधीनस्थ कार्यालय को या अधीनस्थ कार्यालय द्वारा अधिकारियों को लिखे जाते हैं। अधीनस्थ कार्यालय उच्च अधिकारियों अथवा मंत्रालय से उचित निर्देश प्राप्त करने हेतु लिखते हैं किंतु उच्च अधिकारी निर्देश देने या आदेशों का पालन करने के लिए लिखते हैं। ये पत्र वास्तव में राजकीय आदेश कहलाते हैं। कभी-कभी माँग या शिकायत के लिए भी इनका उपयोग किया जाता है।

प्रशासकीय पत्रों के प्रकार

1. आवेदनपत्र
2. अभ्यावेदन
3. प्रतिवेदन और
4. पुनरावेदन।

आवेदन-पत्र प्रमुख रूप से निम्न प्रकार के हैं :

1. नियुक्ति हेतु आवेदनपत्र
2. अवकाश हेतु आवेदनपत्र
3. स्थानान्तरण हेतु आवेदनपत्र
4. पदोन्नति हेतु आवेदनपत्र
5. सुविधा हेतु आवेदनपत्र
6. शुल्क-मुक्ति छात्रवृत्ति हेतु आवेदनपत्र

आवेदन-पत्र

अध्यापक पद पर नियुक्ति हेतु आवेदनपत्र

सेवा में
प्रधानाध्यापक,
उच्चतर माध्यमिक विद्यालय
लोवर बाज़ार,
शिमला

विषय : हिन्दी अध्यापक पद पर नियुक्ति हेतु आवेदनपत्र

महोदय,

विश्वस्त सूत्र से ज्ञात हुआ है कि आपके विद्यालय में उच्च कक्षाओं को पढ़ाने के लिए एक वरिष्ठ अध्यापक की आवश्यकता है। मेरे पास हिन्दी अध्यापक के पद के लिए अनिवार्य एवं वांछित अर्हताएँ हैं। विवरण नीचे दिया जा रहा है :

1. नाम : यशपाल शर्मा
2. पता : 61, सेक्टर 18, चंडीगढ़
3. वर्तमान : सहायक अध्यापक, माध्यमिक विद्यालय, सेक्टर 18, चंडीगढ़
4. जन्मतिथि : 22-12-1970
5. शैक्षणिक योग्यता :

1.	मैट्रिक	1984 प्रथम श्रेणी	88% प्राप्तांक
2.	हायर सेकेंडरी	1986 प्रथम श्रेणी	86% प्राप्तांक

3. बी.ए. 1989 प्रथम श्रेणी 80% प्राप्तांक

4. एम. ए. 1991 प्रथम श्रेणी 63% प्राप्तांक

5. बी.एड. 1992 प्रथम श्रेणी 62% प्राप्तांक

6. अनुभव : विगत सात वर्ष से मैं माध्यमिक विद्यालय में हिन्दी के प्रशिक्षित-शिक्षक (Trained Graduate) पद पर कार्य कर रहा हूँ तथा 6 से 10वीं कक्षा के विद्यार्थियों को हिन्दी पढ़ा रहा हूँ।

7. अन्य : मैं विद्यालय में सांस्कृतिक कार्यक्रम का प्रभारी अध्यापक हूँ। यदि मेरी उपर्युक्त पद पर नियुक्ति की गई तो मैं निष्ठा एवं परिश्रमपूर्वक अध्यापन कार्य करूँगा। कृपया नियुक्ति के समय मेरे नाम पर भी विचार अवश्य किया जाए तो मैं सदा आपका आभारी रहूँगा। यदि मुझे सेवा का अवसर मिला तो मैं अध्यापन एवं व्यवहार से सबको सन्तुष्ट करूँगा।

स्थान : चंडीगढ़ भवदीय,

दिनांक : 26 अगस्त, 2001 यशपाल शर्मा

लिपिक/टंकक पद पर नियुक्ति हेतु आवेदनपत्र

सेवा में
महाप्रबंधक
स्टील अथारिटी आफ़ इंडिया,
लोधी इस्टेट,
नयी दिल्ली-110003

विषय : लिपिक/टंकक पद हेतु आवेदनपत्र।

संदर्भ : 'हिन्दू' दैनिक में प्रकाशित आपका विज्ञापन, संख्या हिन्यूज़्/144/2000-2001/263 दिनांक 24 दिसंबर, 2001

महोदय,

उक्त विज्ञापन के संदर्भ में मैं लिपिक/टंकक पद हेतु अपना आवेदनपत्र आपकी सेवा में प्रस्तुत करती हूँ।

नाम : माया भारद्वाज
पिता का नाम : श्री एस.के. भारद्वाज
पता : 184, कादंबरी, सेक्टर 9, रोहिणी, दिल्ली।

वर्तमान पद : आशुटंकक, नेशनल थर्मल पावर कार्पोरेशन, नई दिल्ली।

मेरी शैक्षणिक योग्यता तथा अनुभव का विवरण नीचे दिया गया है :

		नाम परीक्षा	**वर्ष**	**श्रेणी**	**प्राप्तांक**
(क)	1.	हाई स्कूल	1985	प्रथम	87.5%
	2.	हायर सेकेंडरी	1987	प्रथम	88%
	3.	बी.ए.	1990	प्रथम	65.6%

(ख) मैंने आशुलिपि एवं टंकण का एकवर्षीय पाठ्यक्रम कामर्शियल कॉलेज, कोट्टयम से उत्तीर्ण किया है। संप्रति मेरी हिन्दी-इंग्लिश की टाइपिंग गति क्रमशः 60 एवं 40 शब्द प्रति मिनट है और आशुलिपि की गति 150 शब्द प्रति मिनट है।

(ग) 1992 से मैं नेशनल थर्मल पावर कार्पोरेशन, नई दिल्ली में आशुलिपिक एवं टंकक पद पर कार्य कर रही हूँ।

उक्त शैक्षिक योग्यता एवं अनुभव के प्रमाण पत्रों की सत्यापित छायाप्रतियाँ संलग्न हैं। कृपा करके मुझे विज्ञापित पद पर नियुक्त कर आपके सुविख्यात एवं प्रतिष्ठा-प्राप्त संस्थान में कार्य करने का अवसर प्रदान कीजिए।

मैं आपको विश्वास दिलाना चाहती हूँ कि यदि आपने मुझे इस पद पर नियुक्त किया तो मैं पूर्ण निष्ठा से कार्य करूँगी।

धन्यवाद सहित।

संलग्न : 5 (पाँच) उपर्युक्त — भवदीय,

स्थान : नई दिल्ली — माया भारद्वाज

दिनांक : 26 दिसंबर 2001

आकस्मिक अवकाश हेतु आवेदनपत्र

सेवा में
प्रशासनिक अधिकारी,
केन्द्रीय हिन्दी संस्थान,
आगरा।

महोदय,

घर पर आवश्यक कार्य होने के कारण मैं कल दिनांक 4 सितंबर, 2001 को कार्यालय में उपस्थित नहीं हो सकूँगा।

आपसे अनुरोध है कि 4 सितंबर, 2001 के लिए एक दिन का आकस्मिक अवकाश प्रदान करने की कृपा करें।

दिनांक : 13 अगस्त, 2001

भवदीय,
योगेन्द्र सिंह
अवर श्रेणी लिपिक
प्रशासनिक विभाग

•

विद्यार्थी द्वारा छुट्टी हेतु आवेदनपत्र

सेवा में
श्रीमान् प्रधानाध्यापक
गाँधी स्मारक माध्यमिक विद्यालय
उडूपी

आदरणीय महोदय,

मेरी बहिन का दिनांक 5 सितंबर, 2002 को विवाह हो रहा है। विवाह में भाग लेने के लिए मैं अपने गाँव जा रहा हूँ।

अतः कृपया दिनांक 5 सितंबर, 2002 की छुट्टी देने का कष्ट कीजिए।

आपका आज्ञाकारी शिष्य,
रामकृष्ण स्वामी
कक्षा दस-ब

दिनांक 2 सितंबर, 2000

•

शुल्क-मुक्ति हेतु आवेदनपत्र

सेवा में
श्रीमान् प्राचार्य
इंदिरा गाँधी कन्या महाविद्यालय
अन्ना नगर
चेन्नई

विषय : शुल्क-मुक्ति

महोदया,

मैंने इस वर्ष त्रिवर्षीय स्नातक पाठ्यक्रम के प्रथम वर्ष विज्ञान में प्रवेश लिया है। मैंने 12वीं कक्षा में 98% अंक अर्जित करके एक कीर्तिमान स्थापित किया है।

मेरे पूज्य पिताजी का तीन वर्ष पूर्व कैंसर से निधन हो गया। माता जी किसी तरह मुझे व मेरी दो बहनों को पढ़ाने का प्रयत्न कर रही हैं किन्तु आय का नियमित स्रोत नहीं है। हमारी आर्थिक दशा दयनीय है। मैंने शुल्क-मुक्ति की आशा में ही प्रवेश लिया है। यदि शुल्क-मुक्ति नहीं मिली तो मुझे महाविद्यालय की पढ़ाई छोड़नी पड़ेगी और बी.एस.सी. प्रथम श्रेणी से उत्तीर्ण करने का स्वप्न अधूरा रह जाएगा।

मेरी आर्थिक परिस्थिति व योग्यता को देखते हुए मुझे शुल्क-मुक्ति देकर अनुगृहीत कीजिए।

दिनांक : 15 जुलाई, 2000

आपकी आज्ञाकारी शिष्या,
आर. निर्मला

छात्र-वृत्ति हेतु आवेदनपत्र

सेवा में
श्रीमान् प्रधानाचार्य
कामराज उच्च माध्यमिक विद्यालय
चिदंबरम्-608001

विषय : छात्रवृत्ति

महोदय,

मैं आपके विद्यालय में कक्षा नौ का विद्यार्थी हूँ। सूचना-पट्ट पर छात्रवृत्ति हेतु आवेदन-पत्र आमन्त्रित करने की सूचना पढ़कर मैं छात्रवृत्ति के लिए यह आवेदन पत्र दे रहा हूँ। मेरी उपलब्धियों का विवरण निम्नांकित है :

मैंने गत वर्ष आठवीं की परीक्षा में 87 प्रतिशत अंक प्राप्त करके प्रथम श्रेणी एवं प्रथम स्थान प्राप्त किया है।

मैंने क्रीड़ा प्रतियोगिताओं में भी भाग लिया था। 100 तथा 200 मीटर की दौड़ में प्रथम स्थान प्राप्त किया। मुझे विद्यालय की ओर से जिला स्तर की दौड़ प्रतियोगिता में भाग लेने के लिए भेजा गया। वहाँ मैं दोनों दौड़ में प्रथम स्थान पर रहा। तत्संबंधी प्रमाण-पत्रों की छाया-प्रतियाँ संलग्न हैं।

मेरे पिताजी सेवानिवृत्त अध्यापक हैं जिन्हें पेंशन के रूप में मात्र 1100 रु. (ग्यारह सौ रुपए) मिलते हैं जिससे घर खर्च चलाने में भी कठिनाई होती है। मैं स्वयं शाम को चार बच्चों को पढ़ाकर अपनी पढ़ाई के खर्च की व्यवस्था करता हूँ।

महोदय! विद्यार्थी के रूप में मेरी योग्यताओं तथा आवश्यकता को मध्य-नजर रखते हुए कृपया छात्रवृत्ति देते समय मेरे नाम पर भी सहानुभूतिपूर्वक विचार कीजिए।

छात्रवृत्ति मिल जाने पर मैं सारी शक्ति और सारा समय अध्ययन एवं खेलकूद को दे सकूँगा और विद्यालय का नाम उजागर करूँगा।

संलग्न : चार (उपर्युक्त) आपका आज्ञाकारी शिष्य,

स्थान : चिदंबरम् के. मणिकम

दिनांक : 25 सितंबर, 2000

•

पदोन्नति हेतु आवेदनपत्र

सेवा में

वरिष्ठ अधीक्षक,

डाक विभाग

कार्यालय वरिष्ठ डाक अधीक्षक

सरोजिनी नगर,

नयी दिल्ली।

द्वारा : मुख्य डाकपाल, मुख्य डाकघर, हौज़ खास

महोदय,

मैं विभाग में विगत दस वर्षों से अपर श्रेणी लिपिक के पद पर कार्यरत हूँ। अपर श्रेणी लिपिक वरिष्ठता सूची में मेरा नाम चौथे स्थान पर है। मैंने अपने सेवाकाल में जनता या अधिकारियों को कभी शिकायत का मौका नहीं दिया है। मैं अपना कार्य निष्ठापूर्वक करता रहा हूँ।

इस समय कुछ उप-डाकघरों में उप-डाकपाल के पद रिक्त पड़े हैं। अतः निवेदन है कि मेरी वरिष्ठता एवं कार्यकुशलता को ध्यान में रखकर मुझे पदोन्नत करने की कृपा कीजिए।

आशा है मेरे मामले पर सहानुभूतिपूर्वक विचार किया जाएगा।

स्थान : हौज़खास
दिनांक : 25 मार्च, 1999

भवदीय,
बनवारी लाल
अवर श्रेणी लिपिक

●

नयी पासबुक हेतु बैंक को आवेदनपत्र

प्रेषक : राजेश कुमार

दिनांक 14 सितंबर, 2001

सेवा में
प्रबंधक
केनरा बैंक

विषय : नई पासबुक देने हेतु

महोदय,

आपकी बैंक में मेरा बचत खाता है जिसकी संख्या 6/363 है। यात्रा में मेरा सामान चोरी हो गया। सामान के साथ इस खाते की पासबुक भी खो गई है। अतः आपसे अनुरोध है कि मुझे नई (डुप्लिकेट) पासबुक देने की कृपा करें।

सधन्यवाद!

भवदीय
राजेश कुमार

उक्त पता

●

चेक-बुक प्रदान करने हेतु बैंक को आवेदन-पत्र

के.पी. मेनन
पंचवटी, स्पीनिंग मिल के निकट, कांगड़ा
20 दिसंबर, 2001

सेवा में
प्रबंधक
स्टेट बैंक ऑफ इंडिया
कांगड़ा

विषय : चेक-बुक प्रदान करने हेतु

प्रिय महोदय,

आपकी बैंक शाखा में मेरा एक बचत बैंक-खाता संख्या 3/343 है। इस खाते

में मेरा बैलेन्स सदा पाँच हजार रु. से ऊपर ही रहता है। जीवन बीमा की किश्तें जमा कराने में मुझे असुविधा होती है। अतः उक्त खाते के अंतर्गत बीस पर्णवाली चेक-बुक प्रदान करने की कृपा करें।

धन्यवाद!

भवदीय

(के.पी. मेनन)

खाता बन्द करने हेतु बैंक को आवेदनपत्र

प्रेषक : वासुदेवन स्वामी,
माध्यमिक विद्यालय
आगरा-282005

6 दिसंबर, 2001

सेवा में
शाखा प्रबंधक
केनरा बैंक
आगरा

विषय : बचत बैंक-खाता संख्या 6/444 को बंद करने बाबत

महोदय,

अडूर माध्यमिक पाठशाला से मेरा स्थानांतरण दिल्ली हो गया है। मैं दिल्ली जा रहा हूँ, जहाँ आपके बैंक की शाखा काफी दूर है। अतः आपसे प्रार्थना है कि मेरा उक्त बचत बैंक खाता बंद करने की अनुमति प्रदान कीजिए तथा खाते में जमा शेष राशि (Balance) का नकद भुगतान कराने की व्यवस्था कीजिए।

इस पत्र के साथ पासबुक व चैकबुक संलग्न हैं।

सधन्यवाद!

संलग्न : दो (उपर्युक्त)

भवदीय,

वासुदेवन

बैंक-खाता स्थानांतरण करने हेतु आवेदनपत्र

प्रेषक : श्रीकान्त रंगनाथन
अपर श्रेणी लिपिक
आयकर विभाग, चेन्नई

सेवा में
प्रबंधक
सेन्ट्रल बैंक ऑफ इंडिया
चेन्नई

विषय : बचत बैंक-खाता संख्या 7/986 का स्थानांतरण

महोदय,

मेरा यहाँ से कांचीपुरम् स्थानांतरण हो गया है। आपकी बैंक की एक शाखा वहाँ भी है। अतः आपसे अनुरोध है कि मेरा उक्त खाता कांचीपुरम् में शाखा में स्थानांतरित करने का कष्ट कीजिए। पास-बुक तथा चैक-बुक संलग्न हैं।

कृपया स्थानांतरण संबंधी पत्र की एक प्रतिलिपि मुझे भी दीजिए जिससे कि मैं वहाँ पहुँचने पर आवश्यक कार्यवाही कर सकूँ।

सधन्यवाद!

भवदीय,

संलग्न : दो (उपर्युक्त)

श्रीकांत रंगनाथन

डाक विभाग को खाता स्थानांतरण हेतु आवेदनपत्र

प्रेषक : टी. जोसफ
कालूर
कोची,

सेवा में
वरिष्ठ अधीक्षक डाक विभाग
कार्यालय वरिष्ठ डाक अधीक्षक
सत्य पलम मार्ग,
इरोड-638001

विषय : बचत बैंक-खाता संख्या 4500262 का स्थानांतरण

महोदय,

मैं आयकर विभाग में कार्यरत हूँ। मेरा स्थानांतरण यहाँ से बंगलौर हो गया

अतः आपसे अनुरोध है कि मेरा उक्त बचत बैंक-खाता बंगलौर के मुख्य डाकघर में स्थानांतरण करने का कष्ट कीजिए। पासबुक संलग्न है।

कृपया स्थानांतरण सम्बन्धी पत्र की प्रति मुझे भी दीजिए ताकि मैं वहाँ पहुँचने पर उनसे संपर्क कर सकूँ।

सधन्यवाद! भवदीय,

सलंग्न : एक (उपर्युक्त) टी. जोसफ

●

बैंक-खाता खोलने हेतु आवेदनपत्र

प्रेषक : रामकृष्ण हेगड़े
आयकर विभाग
सर्कल
चेन्नई

8 दिसंबर, 2001

सेवा में
शाखा प्रबंधक
बैंक ऑफ इंडिया
चेन्नई

विषय : बचत बैंक-खाता खोलने बाबत

महोदय,

मैं इस नगर में बैंगलोर से स्थानांतरित होकर आया हूँ। अतः मैं आपकी बैंक में बचत-खाता खोलना चाहता हूँ।

पत्र के साथ में 500/ रु. (पाँच सौ रुपए) जमा करा रहा हूँ। श्री रामास्वामी, बचत-खाता संख्या 6/889 द्वारा मेरा परिचययुक्त आवेदनपत्र भी संलग्न है। आपसे अनुरोध है कि मेरा खाता खोलने की कृपा करें।

सधन्यवाद! भवदीय,

संलग्न : उपर्युक्त रामकृष्ण हेगड़े

●

डाक को पुनः प्रेषित करने हेतु आवेदन-पत्र

प्रेषक : डॉ. हरिवंश सिंह
हिन्दी विभाग
हिमाचल प्रदेश विश्वविद्यालय
शिमला
15 मई, 2002

सेवा में
डाकपाल
हिमाचल प्रदेश विश्वविद्यालय डाकघर
समर हिल, शिमला

विषय : डाक को पुनः प्रेषित करने हेतु

महोदय,

ग्रीष्मावकाश के दौरान 16 मई से 30 जून, 2000 तक मैं निम्न पते पर रहूँगा।

साकेत,
स्पीनिंग मिल के पास
चेलंबरम-673634
जिला-मालाप्पुरम (केरल)

अतः इस बीच मेरे नाम से आनेवाली डाक को इस पते पर पुनः (Redirect) करने की कृपा करें।

सधन्यवाद।

भवदीय,
हरिवंश सिंह

●

पते में परिवर्तन की सूचना

इन्द्रसेन शर्मा
मकान न0 371,
सेक्टर 8,
रामकृष्णपुरम,
नई दिल्ली-110066

विषय : पते में परिवर्तन की सूचना

सेवा में
डाकपाल
मुख्य डाकखाना
रामकृष्णपुरम,
नई दिल्ली-110066

महोदय,

मैंने अपना निवास स्थान बदल लिया है किंतु मेरी डाक अभी भी उक्त पते पर आती है।

अतः आपसे अनुरोध है कि यहाँ आने वाली सारी डाक को निम्न पते पर पुनः प्रेषित करने की कृपा करें।

सधन्यवाद!

इन्द्रसेन शर्मा
सी-100, सूर्य नगर,
गाजियाबाद
भवदीय,

दिनांक : 5 दिसंबर, 2001

(इन्द्रसेन शर्मा)

नगरपालिका को सफाई व्यवस्था हेतु पत्र

डॉ0 कृष्णकुमार कौल
हिन्दी विभाग
हिमाचल प्रदेश विश्वविद्यालय
शिमला
दिनांक 20 दिसंबर, 2001

सेवा में :
श्रीमान अध्यक्ष
नगरपालिका
शिमला

विषय : नालियों की सफाई एवं गंदगी दूर करने संबंधी

महोदय,

विश्वविद्यालय परिसर की नालियों की समुचित सफाई नहीं होने के कारण गंदा पानी नालियों में सड़ता रहता है। इससे वातावरण में दुर्गंध फैलती है जिससे रोग फैलने की संभावना है। सड़े पानी में मच्छर पैदा होने के कारण कई लोगों को मलेरिया रोग हो चुका है और भविष्य में भी होने की संभावना है।

अतः आपसे निवेदन है कि नालियों के साथ सड़कों की सफाई का भी प्रबंध करवाइए, क्योंकि सड़कों पर कूड़े के ढेर लगे हैं। यदि यह ढेर सड़कों पर बना रहेगा तो प्रदूषण के परिणामस्वरूप कई संक्रामक रोग इस क्षेत्र में फैलेंगे।

कृपया इस संबंध में स्वास्थ्य अधिकारी तथा सफाई कर्मचारियों को निर्देश दें कि नालियों और कूड़े की तुरंत सफ़ाई की जाए।

भवदीय,
हस्ताक्षर

●

विभागीय स्थानांतरण करने हेतु आवेदनपत्र

सेवा में
प्रमुख अभियंता
केन्द्रीय सार्वजनिक निर्माण विभाग
दिल्ली क्षेत्र
दिल्ली

विषय : स्थानांतरण के लिए

महोदय,

मैंने इस विभाग में दिल्ली से सेवाकार्य आरंभ किया था। आज मेरी दस वर्ष

की सेवा हो चुकी है। मैं अपने कार्य को निष्ठापूर्वक संपादित करता रहा हूँ।

मैं उडूपी (कर्नाटक) का निवासी हूँ। विभाग का कार्यालय उडूपी में भी है और वहाँ पर एक अपर श्रेणी लिपिक का पद भी रिक्त है।

मेरे वृद्ध माता-पिता उडूपी में ही रहते हैं और उनकी देखभाल करने वाला कोई नहीं है। एक बहन थी जो उनके साथ रहती थी। उसका विवाह हो गया है, अतः वह अपने ससुराल जा चुकी है। मैं उनका एकमात्र पुत्र हूँ। यदि मेरा उडूपी में स्थानांतरण कर दिया जाता है तो मैं बूढ़े माता-पिता की देखभाल कर सकूँगा।

कृपया उक्त परिस्थितियों को मध्य-नज़र रखकर मेरा कोचीन से उडूपी स्थानांतरण करने हेतु केन्द्रीय कार्यालय को संस्तुति कीजिए।

आशा है, **आप** मुझे निराश नहीं करेंगे।

भवदीय,

दिनांक : 12 अगस्त, 2001

के. राममूर्ति

अवर श्रेणी लिपिक

●

अभ्यावेदन (अभिवेदन)/प्रत्यावेदन

अभ्यावेदन उस समय दिया जाता है जब किसी अधिकारी या कर्मचारी के विरुद्ध कार्यालय या अधिकारी द्वारा कोई कार्रवाई करके आदेश जारी कर दिया जाता है। कर्मचारी अपने विरुद्ध की गई कार्रवाई पर उच्च अधिकारी को आदेश पर पुनर्विचार करने हेतु निवेदन करता है। प्रत्यावेदन में आरोपी अथवा दंडित व्यक्ति वस्तुस्थिति का उल्लेख करता है। तथ्यों के आलोक में लगाए गए आरोपों या उसके विरुद्ध की गई कार्रवाई या निर्णय का खंडन करता है, वैधानिक चुनौती प्रस्तुत करता है और वैधानिक संगति के संदर्भ में पुनर्विचार हेतु निवेदन करता है। अपने पक्ष के समर्थन में तत्संबंधी प्रपत्रादि भी संलग्न करता है।

उदाहरण

सेवा में
आयुक्त
आयकर विभाग
बंगलौर (कर्नाटक)

विषय : वेतन-वृद्धि स्थगित करने सम्बन्धी आदेश पर पुनर्विचार हेतु

संदर्भ : आदेश पत्र संख्या आयु./आ.वि./1999-2000/145 दिनांक 13 अगस्त, 2001

महोदय,

निवेदन है कि आयकर अधिकारी क वार्ड, बंगलौर के आदेश पत्र संख्या आयु./आ.वि./1999-2000/1455 दिनांक 13 अगस्त, 1999 (संलग्नक एक) का अवलोकन कीजिए, जिसमें मेरे विरुद्ध आरोप लगाकर एक वर्ष के लिए मेरी वेतन-वृद्धि रोक दी गई है। उन्होंने इसका कारण यह बताया है कि मैंने बिना पूर्वानुमति के 24 नवंबर, 1998 को अपना मुख्यालय छोड़ा था।

उस सम्बन्ध में तथ्य निम्न प्रकार हैं :

1. 24 नवम्बर, 1998 को रात्रि 9 बजे मुझे दूरभाष पर सूचना मिली कि मेरी माता जी की तबियत अचानक बहुत खराब हो गई है और मुझे तुरंत घर पहुँचना चाहिए।

2. सूचना मिलते ही मैंने घर जाने की तैयारी की और रवाना होने से पूर्व आयकर अधिकारी महोदय को इस घटना की सूचना देने और मुख्यालय छोड़ने की अनुमति देने की प्रार्थना करने के लिए दूरभाष पर संपर्क करने का प्रयत्न किया। अधिकारी महोदय घर में नहीं थे। उनकी पत्नी से मेरी बात हुई और मैंने उनसे अनुरोध किया कि वे यह सूचना उनको अवश्य दे दें।

3. मैं घर पहुँचकर मुख्यालय छोड़ने तथा आकस्मिक अवकाश के लिए आवेदनपत्र भेजना चाहता था किन्तु जब मैं अपने घर पहुँचा तो माता जी का निधन हो गया था और उनके अंतिम संस्कार की तैयारी हो रही थी। मैं भी अंतिम संस्कार के कार्यक्रम में व्यस्त हो गया।

दूसरे दिन मैंने पंजीकृत डाक से आवेदनपत्र भेजा जिसकी छायाप्रति व डाकखाने की पावती संलग्न है (संलग्नक दो व तीन)।

4. 10 दिसंबर, 1998 को मैं कार्यालय में उपस्थित हुआ तो मुझे बिना अनुमति के मुख्यालय छोड़ने तथा कार्यालय से अनुपस्थित रहने का 'कारण बताओ नोटिस' मिला और स्पष्टीकरण माँगा गया। मैंने तुरंत ही उक्त घटनाक्रम का विवरण देते हुए सपष्टीकरण दिया (प्रति संलग्न है—संख्या चार) जिसमें मैंने विवशतावश बिना अनुमति के मुख्यालय छोड़ने के लिए क्षमा-प्रार्थना की तथा भविष्य में ऐसी भूल न

करने का संकल्प व्यक्त किया।

5. मुझे इस पत्र का कोई उत्तर नहीं दिया गया तथा संदर्भित पत्र द्वारा एक वेतन-वृद्धि रोकने का दंड दिया गया।

इस संबंध में निवेदन है कि श्री रामानुजम बनाम डाक विभाग के समानान्तर मामले में माननीय कर्नाटक उच्च न्यायालय ने अपने निर्णय संख्या 501/1165 में वादी के पक्ष में निर्णय दिया था। निर्णय की प्रतिलिपि संलग्न (संलग्नक—पाँच) है।

उक्त तथ्यों के आलोक में आप से निवेदन है कि आयकर अधिकारी महोदय के आदेश पर पुनर्विचार करें तथा इस नियम-विरुद्ध आदेश को निरसन करके मेरे प्रति न्याय करें।

संलग्नक : पाँच (उपर्युक्त)
स्थान : बंगलौर
दिनांक : 13 अगस्त, 2001

भवदीय
रामामूर्ति
कार्यालय सहायक
वार्ड-ब आयकर विभाग
बंगलौर

●

सुविधा प्रदान करने हेतु आवेदनपत्र

आयकर आयुक्त
आयकर आयुक्त कार्यालय
बंगलौर

विषय : सरकारी आवास आबंटित करने हेतु

महोदय,

मैं यहाँ कोचीन से एक वर्ष पूर्व स्थानांतरित होकर आया था। मुझे सरकारी आवास उपलब्ध नहीं हो सका। अतः मैं एक भाड़े के मकान में रह रहा हूँ जहाँ सुविधाएँ तो नहीं हैं परन्तु भाड़ा बहुत अधिक है।

हाल ही में कुछ स्थानांतरण हुए हैं जिनके कारण आयकर विभाग कॉलोनी में सरकारी आवास खाली होने वाले हैं। अतः कृपा करके एक 'टाइप थ्री' आवास मुझे आबंटित करने का कष्ट कीजिए।

आशा है आवास खाली होते ही एक आवास मुझे आबंटित किया जाएगा।

दिनांक 11 दिसंबर, 2000

भवदीय,
कृष्णामूर्ति
अवर श्रेणी लिपिक
वार्ड-ब
आयकर विभाग

●

कार्यालयीन पत्र

शासन-संचालन या सरकारी काम-काज की व्यवस्था के लिए कार्यालयों में पत्र लिखना आवश्यक होता है। इनमें भी प्रारूपण की विधि अपनाई जाती है किन्तु इन पत्रों के प्रारूपण के लिए निम्न बातों की ओर ध्यान देना आवश्यक होता है :

1. कार्यालयीन पत्रों की भाषा सरल एवं स्पष्ट होती है। द्विअर्थ वाले अर्थात् श्लिष्ट शब्दों का इनमें प्रयोग नहीं किया जाता है।

2. कार्यालयीय प्रारूप की निश्चित एवं व्यवस्थित लेखन परंपरा है, जिसका अनुसरण किया जाता है।

3. प्रारूप तैयार करते समय स्वेच्छापूर्वक कुछ नहीं लिखा जा सकता। पूर्व संदर्भों के आधार पर तथ्यपरक बातें निरपेक्ष रूप में प्रस्तुत करनी होती हैं।

4. आवश्यक होने पर 'स्वनिर्देश' में पत्र भेजने वाले अधिकारी का नाम लिखना होता है।

5. कुछ विशेष अधिकारियों को हस्ताक्षर करने के लिए जब अधिकृत किया जाता है तो शासकीय पत्रों में 'राज्य सरकार की आज्ञा से', 'आज्ञा से' या 'राज्यपाल के आदेश से' लिखना आवश्यक होता है और पत्र के अन्त में नीचे अधिकृत अधिकारी को हस्ताक्षर करने होते हैं।

6. शासकीय पत्र के आरंभ में 'मुझे यह कहने का निर्देश हुआ है' या 'मुझे यह सूचित करने का निर्देश हुआ है' लिखा जाता है किन्तु निकाय या निगम के पत्रों के प्रारम्भ में इसके स्थान पर 'सादर निवेदन किया जाता है' लिखा जाता है।

7. शासकीय पत्र के प्रथम अनुच्छेद में संख्या नहीं दी जाती। द्वितीय अनुच्छेद में क्रम संख्या 2 लिखते हैं और शेष अनुच्छेदों पर क्रमशः क्रम संख्या दी जाती है।

8. पृष्ठांकन मूलपत्र अविरल देने के पश्चात पत्रावली की संख्या तथा निर्गत तिथि दी जाती है तथा प्रतिलिपि जिन अधिकारियों को भेजी जाती है उनका उल्लेख करके अग्रिम कार्रवाई का निर्देश दिया जाता है। नीचे अधिकारी के दूसरी बार हस्ताक्षर किए जाते हैं।

9. शासकीय पत्रों में निजी मत, आशय और युक्ति का कोई उल्लेख नहीं होता। नियमों, अधिनियमों आदि वैधिक स्थितियों का निरपेक्ष उल्लेख किया जाता है।

10. प्रायः इनमें हम, मैं आदि शब्दों का प्रारंभ में प्रयोग नहीं किया जाता और अंत तक इसका पालन करना होता है। यदि मैं, हम या अन्य पुरुष का प्रयोग आवश्यकता के कारण किया गया हो तो पत्र के अन्त तक उसका निर्वाह किया जाता है।

कार्यालयीय पत्रों के प्रकार

1. सरकारी/शासकीय पत्र (Official Letter)
1A. पावती/प्राप्ति पत्र (Acknowledgement Letter)
2. अर्द्धशासकीय/सरकारी पत्र (Demi Official Letter/D.O.)
2A. अनुस्मरण/अनुस्मारक पत्र (Reminder)
2B. पृष्ठांकन (Endorsement)
3. आदेश/शासनादेश (Order/Government Order/O.G.O)
4. कार्यालय आदेश (Official Order)
5. कार्यालय ज्ञापन/ज्ञापन (Official Memorandum/Memorandum or Memo)
6. परिपत्र (Circuler)
7. अधिसूचना (Notification)
8. संकल्प (Resolution)
9. सूचना (Notice)
10. अंतरविभागीय टिप्पणी/ अशासकीय टिप्पणी (Interdepartmental note/ Unofficial note)
11. प्रेस टिप्पणी (Communique/Press note)
12. मंजूरी/स्वीकृति पत्र (Sanction Letter)
13. तार/तार पुष्टि/अनुसरण पत्र (Telegram/Confirmation Copy)
14. मितव्यय पत्र (Savigram)
15. द्रुत पत्र (Express Letter)
16. निविदा सूचना (Tender Notice)
17. विज्ञापन (Advertisement)

शासनादेश

राज्य अथवा केन्द्रीय सरकार द्वारा शासन के विभिन्न विभागीय कार्यालयों को शासन के निर्णय से अवगत कराने के लिए लिखे जाने वाले पत्र शासनादेश या राज्यादेश कहलाते हैं। ऐसे पत्रों में प्रेषिती का नाम, पद और पता नहीं लिखा जाता किन्तु अन्त में पृष्ठांकन में सभी विभागों, अधिकारियों, उप-विभागों, कार्यालयों एवं कर्मचारियों का उल्लेख किया जाता है जो उक्त आदेश से प्रभावित होते हैं।

उदाहरण

संख्या : उ.शि.(शै.)/8-540-1999-2000

तमिलनाडु शासन

शिक्षा (शैक्षिक) अनुभाग 8
दिनांक 5 मार्च, 2001

प्रेषक : रामचन्द्रन अय्यर
आयुक्त एवं सचिव उच्च शिक्षा
तमिलनाडु प्रदेश शासन
चेन्नई

विषय : शासकीय खर्च में दस प्रतिशत की तत्काल कटौती

महोदय,

मुझे आपसे यह कहने का निदेश हुआ है कि सभी विभागीय खर्च के वर्तमान बजट में दस प्रतिशत की कटौती की जाए। यह आदशे आवर्ती व्यय (Recurring expenditure) तथा अनावर्ती व्यय (Non recurring expenditure) पर लागू होगी। किसी भी रिक्त पद पर कोई नियुक्ति नहीं की जाए तथा जो पद गत एक वर्ष से रिक्त पड़े हैं उनको अगले आदेश तक समाप्त माना जाए। जो पद सेवानिवृत्ति के कारण रिक्त हों उनको भरा नहीं जाए। इन उपायों को लागू करके दस प्रतिशत आवर्ती खर्च में कटौती की जाए तथा दस प्रतिशत पदों को भी समाप्त किया जाए।

अनावर्ती व्यय (Non-recurring expenditure) में दस प्रतिशत की कटौती हेतु अधिकारियों द्वारा सरकारी वाहनों के प्रयोग पर प्रतिबन्ध लगाया जाए। सरकारी खर्च सें सामूहिक भोजों पर पूर्ण प्रतिबंध लगाया जाता है। किसी भी संगोष्ठी अथवा कार्यशाला का आयोजन नहीं किया जाए। इन उपायों से अनावर्ती व्यय में 10 प्रतिशत कमी की जा सकेगी।

शासन के उक्त निर्णय तत्काल प्रभाव से लागू होंगे।

भवदीय
हस्ताक्षर
(रामचन्द्रन अय्यर)
आयुक्त एवं सचिव

संख्या : उ.शि. (शै.)/8-... दिनांक 5 मार्च, 2001
प्रतिलिपि सूचना एवं आवश्यक कार्रवाई हेतु :
1. समस्त विभागाध्यक्ष/प्रमुख कार्यालयाध्यक्ष/कार्यालयाध्यक्ष, तमिलनाडु शासन

2. सचिवालय के समस्त अनुभाग
3. कुलपति, समस्त विश्वविद्यालय, तमिलानाडु

अमीर अली
अवर सचिव

सरकारी या शासकीय पत्र

शासकीय कार्य-प्रणाली में सरकारी या शासकीय पत्रों का सर्वाधिक प्रयोग होता है। मुद्रित पत्र शीर्ष पर ही प्रायः ये पत्र लिखे जाते हैं। इनमें पत्र संख्या, भारत सरकार/(राज्य) सरकार एवं मन्त्रालय अथवा विभाग का नाम, दिनांक, प्रेषक, प्रेषिती तथा उनके पद-नाम, विषय, सम्बोधन, पत्र का मुख्य कलेवर तथा समाप्ति, स्वनिर्देश, हस्ताक्षर, संलग्न पत्र तथा पृष्ठांकन का समावेश किया जाता है।

सरकारी पत्रों में अधिकारी यह लिखता है—"मुझे यह निदेश हुआ है/सूचित न करने का आदेश हुआ है।" कहना है, किया जाए, किया जाना चाहिए, आदि आदेशात्मक, सुझावात्मक तथा कथनात्मक क्रिया रूपों की बार-बार आवृत्ति होती है। ये पत्र सरकार से प्राप्त आदेशों-निर्देशों के अनुसार सचिव, उपसचिव, अवर सचिव तथा अनुभाग अधिकारियों की ओर से लिखे जाते हैं। ये पत्र प्रथम पुरुष में लिखे जाते हैं। अधिकारी के लिए महोदय तथा जन सामान्य के लिए प्रिय महोदय सम्बोधन का प्रयोग किया जाता है। पत्र की भाषा आदर्श आलेखन/प्रारूपण के अनुशासन से शासित और प्रेरित होनी चाहिए। द्विअर्थी, भ्रामक तथा अस्पष्ट अर्थांतरकारी अथवा अर्थभेदक भाषा का प्रयोग वर्जित है। भाषा में सदा एकार्थकता होनी चाहिए।

उदाहरण

संख्या 2629/15-(15)/88-51(27) 80 गृह
हरियाणा सरकार

प्रेषक : श्री रंगनाथन
संयुक्त सचिव

दिनांक..................

सेवा में
कुलपति
महर्षि दयानंद विश्वविद्यालय
रोहतक

विषय : विश्वविद्यालय में विद्यार्थी आन्दोलन

महोदय,

मुझे यह कहने का निदेश हुआ हे कि पिछले दिनों महर्षि दयानंद विश्वविद्यालय

में हुए विद्यार्थी आन्दोलन एवं उपद्रवों को सरकार ने बहुत गंभीर घटना माना है सरकारी सम्पत्ति को हानि पहुँचाना सरकार की दृष्टि में राष्ट्र-विरोधी गतिविधि है। इस प्रकार के आन्दोलनों का कठोरतापूर्वक दमन किया जाना चाहिए और इसके लिए आरक्षी बलों की सहायता लेने में भी संकोच नहीं होना चाहिए। ऐसा करने पर ही शिक्षण-संस्थाओं में शांति स्थापित हो सकेगी, अन्यथा अन्यत्र भी यह प्रवृत्ति फैलेगी।

भवदीय

हस्ताक्षर...

संयुक्त सचिव

क्रमांक : 2629/15-(15)/88-51(27) 80 ग्रह दिनांक 20 मार्च, 1999 सूचना एवं आवश्यक कार्रवाई हेतु प्रतिलिपि निम्नलिखित को प्रेषित :

1. आयुक्त एवं सचिव, उच्च शिक्षा, हरियाणा सरकार
2. निदेशक, उच्च शिक्षा हरियाणा सरकार
3. हरियाणा राज्य के समस्त विश्वविद्यालयों/विद्यालयों को
4. हरियाणा सरकार के समस्त जिलाधीशों/जिला पुलिस अधीक्षकों को

रामानुजम

अवर सचिव

अर्द्धशासकीय पत्र

जब किसी सरकारी अधिकारी को अन्य विभाग के अधिकारी से वांछित जानकारी प्राप्त नहीं होती है तो वह तत्काल उत्तर प्राप्त करने के लिए शासकीय पत्र के स्थान पर अर्द्धशासकीय पत्र लिखता है। ऐसे पत्र का उत्तर तुरन्त दिया जाता है।

उदाहरण

डॉ. जयललिता
अध्यक्ष

अर्द्धशासकीय पत्र संख्या 15/55
कार्यालय
तमिलानाडु लोक सेवा आयोग
चेन्नई
दिनांक 5 नवंबर, 2000

प्रिय श्री नायक,

इस कार्यालय के पत्र संख्या : 15/भर्ती/55/1852 दिनांक 18 अगस्त, 2000 और समसंख्यक अनुस्मारक पत्र दिनांक 18 अक्टूबर, 2000 का अवलोकन करने का कष्ट करें। बिना अर्हताओं/योग्यताओं को आवश्यक एवं वांछित में विभाजित किए बिना अभियन्ताओं की भर्ती के लिए विज्ञापन नहीं दिया जा सकता।

इस संबंध में व्यक्तिगत रुचि लेकर वांछित सूचना शीघ्रातिशीघ्र भिजवाने की कृपा करें।

श्री वेंकट कुमार नायक
सचिव
लोक निर्माण विभाग
तमिलानाडु सचिवालय
चेन्नई

आपका,
(डॉ. जयललिता)

अंतरविभागीय टिप्पणी या अशासकीय टिप्पणी

गैर-सरकारी या अशासकीय पत्र या टिप्पणी या अनौपचारिक पत्र विभिन्न मंत्रालयों/अधिकारियों के बीच किसी प्रस्ताव पर विचार या टिप्पणियाँ प्राप्त करने या किसी पूर्वादेश का स्पष्टीकरण करवाने के लिए या आवश्यक काग़ज़ात या सूचना मँगवाने के लिए किया जाता है। इसका प्रयोग दो प्रकार से किया जा सकता है— (1) मिसिल (file) पर यथावश्यक टिप्पणी लिखकर किसी व्यक्ति के हाथों भेजा जाता है। (2) टिप्पणी या ज्ञापन बनाकर भेजा जाता हे। ये पत्र डाक से नहीं भेजे जाते और न ही प्रेषक/प्रेषती, संबोधन की औपचारिकता का निर्वाह किया जाता है। विषय अवश्य लिखा जाता है और अंत में प्रेषक अधिकारी के हस्ताक्षर, कोष्ठक में नाम, पद-नाम, फोन नंबर भी दिए जाते हैं।

उदाहरण

राजस्व विभाग

विषय : वेतन-निर्धारण

पदोन्नत अधिकारियों के वेतन निर्धारण के नियमों में पदोन्नति के समय उन्हें दो वेतन-वृद्धि देने का प्रावधान है किन्तु यह वृद्धि निम्न पद की वेतन शृंखला में दी जाए या उच्च पद की वेतन शृंखला में। अस्पष्टता के कारण पदोन्नत अधिकारियों का वेतन निर्धारित नहीं किया जा सका है।

इस संबंध में वित्त मंत्रालय से परामर्श आवश्यक हो गया है। यदि वित्त मंत्रालय तत्संबंधी निर्देश यथाशीघ्र भेज दे तो राजस्व विभाग आभारी होगा।

दिनांक 15 मार्च, 1999

हस्ताक्षर...
(जी. रामचंद्रन)
अवर सचिव

परिपत्र (Circular)

किसी एक सूचना को शासन की ओर से विभिन्न मंत्रालयों, विभागों या अधीनस्थ या सम्बद्ध विभागों को भेजना होता है तो शासकीय पत्र के बदले परिपत्र प्रेषित किया जाता है।

परिपत्र के मूल में उन सभी अधिकारियों और विभागों का उल्लेख किया जाता है जिनसे उसका सम्बन्ध है। परिपत्र का पृथक् स्वतंत्र रूप नहीं है। जब कोई सरकारी पत्र, कार्यालय-ज्ञापन या ज्ञापन एक साथ अनेक प्रेषितियों को भेजा जा रहा हो, तो उसको परिपत्र कह सकते हैं। स्पष्ट है कि परिपत्र आवश्यकतानुसार सरकारी पत्र, कार्यालय-ज्ञापन या ज्ञापन के रूप में भी लिखा जा सकता है। यदि कोई कार्यालय-ज्ञापन सरकार के सब मंत्रालयों को भेजा जाता है या कोई ज्ञापन किसी मंत्रालय के अनुभागों, अफसरों या संलग्न और अधीनस्थ कार्यालयों के नाम भेजा जा रहा हो, तो वह परिपत्र कहा जाता है। परिपत्र की रचना आवश्यकतानुसार सरकारी पत्र या ज्ञापन के समान की जा सकती है।

शासकीय पत्र और परिपत्र का मूल अंतर यह है कि शासकीय पत्र की मूल प्रति में संबद्ध विभागों या अधिकारियों का नाम नहीं होता है, प्रेषितियों के नाम पृष्ठांकन में दिए जाते हैं किन्तु परिपत्र की मूल प्रति में ही ये सब नाम दिए जाते हैं।

उदाहरण

हरियाणा सरकार
खाद्य मंत्रालय

सं. फा. 35/2001-02/शिक्षा

चंडीगढ़
22 फरवरी, 2002

परिपत्र

विषय : प्राथमिक विद्यालय के विद्यार्थियों को 5 किलो खाद्यान्न प्रति सप्ताह वितरण हेतु

मुझे यह सूचित करने का निदेश हुआ है कि 1. प्राथमिक विद्यालय में पढ़ने वाले प्रत्येक विद्यार्थी को प्रति सप्ताह 5 किलो खाद्यान्न वितरित किया जाए जिससे विद्यार्थियों की उपस्थिति सुनिश्चित की जा सके।

2. प्रत्येक विद्यालय के प्रधानाध्यापक को विद्यार्थियों की संख्या के अनुपात में अपने जिले के जिलाधीश से प्रति महीने खाद्यान्न लेना होगा।
3. प्रत्येक प्रधानाध्यापक को खाद्यान्न ले जाने के लिए दूरी के आधार पर नियमानुसार यातायात खर्च दिया जाए।

प्रति :

समस्त निदेशक/उपनिदेशक/ज़िला शिक्षा अधिकारी, हरियाणा सरकार

सुधाकर पांडेय

समस्त प्रधानाध्यापक, प्राथमिक विद्यालय, हरियाणा सरकार

सचिव, हरियाणा सरकार

समस्त ज़िलाधीश, हरियाणा सरकार

कार्यालय आदेश
(Office Order)

कार्यालय आदेश का प्रयोग किसी मंत्रालय, संबद्ध विभागों, अनुभागों, प्रभागों तथा कार्यालयों के आंतरिक प्रशासन संबंधी अनुदेश जारी करने के लिए किया जाता है। नियुक्ति, पदोन्नति की सूचना, स्थायीकरण, स्थानान्तरण या अवकाश की स्वीकृति या अस्वीकृति, अनुभागों तथा अधिकारियों के कार्य वितरण, कार्य संपादन हेतु उच्च अधिकारी द्वारा की जाने वाली वैकल्पिक व्यवस्था आदि के लिए कार्यालय आदेश जारी किए जाते हैं।

उदाहरण

संख्या : एफ-16/कार्मिक/14-2001-2002

कर्नाटक सरकार
कार्मिक मंत्रालय

बंगलौर
दिनांक 18 अगस्त, 2001

निम्नांकित कर्मचारियों को उनके नाम के सम्मुख अंकित तिथियों एवं पदों पर परिवीक्षा काल की समाप्ति पर स्थायी किया जाता है :

क्रम संख्या	नाम	पद	स्थायीकरण तिथि
1.	श्री रामानुजम	लिपिक	22-7-2001
2.	श्री तिप्पे स्वामी	टंकक	28-7-2001
3.	श्री मुरलीधरन	लिपिक	31-7-2001
4.	श्री कृष्णामूर्ति	टंकक	01-8-2001
5.	श्री राममूर्ति	आशुलिपिक	01-8-2001
6.	कुमारी वी. कमलाम्भा	आशुलिपिक	01-8-2001
7.	श्री के.एन. उदय कुमार	अनुवादक	01-8-2001
8.	श्री मोहम्मद अब्दुल सत्तार	निरीक्षक	01-8-2001
9.	कुमारी के. मंजुला	टंकक	01-8-2001
10.	श्रीर रामकृष्ण हेगड़े	चालक	01-8-2001

सेवा में
समस्त सम्बन्धित कर्मचारी
तथा विभागाध्यक्ष

एम. एडवर्ड गुरुराज
उपसचिव
कर्नाटक सरकार

कार्यालय ज्ञापन/ज्ञापन
(Office Memorandum/Memo)

कार्यालय ज्ञापन का प्रयोग सरकार के एक मंत्रालय से दूसरे मंत्रालय, एक सचिवालय अथवा मंत्रालय के एक अधीनस्थ प्रभाग से दूसरे प्रभाग के बीच सूचनाओं के आदान-प्रदान के लिए किया जाता है। इसके अतिरिक्त इसका प्रयोग कर्मचारियों द्वारा प्राप्त आवेदनपत्रों, याचिकाओं आदि का उत्तर तथा पत्र-प्राप्ति की सूचना देने के लिए किया जाता है। कार्यालयों, निदेशालयों एवं मंत्रालयों के आन्तरिक आदेश और निर्देश भी कार्यालय ज्ञापन के रूप में जारी किए जाते हैं।

यह प्रायः अन्य पुरुष एकवचन या प्रेषक के लिए उत्तम पुरुष का प्रयोग करते हुए लिखा जाता है। इसमें प्रेषक, सेवा में, सम्बोधन तथा अधोलेख नहीं होता है। अन्त में प्रेषक अधिकारी के हस्ताक्षर और दिनांक लिखते हैं। हस्ताक्षर के बाईं ओर प्रेषिती का पूरा नाम तथा पद-नाम लिखा जाता है। कार्यालय ज्ञापन में आदेशात्मक वाक्यों का प्रयोग वर्जित है। किया जा रहा है, किया जाता है, किया जाएगा आदि वाक्यों से बने वाक्यों का प्रयोग किया जाता है। प्रायः अधोलिखित हस्ताक्षरी अथवा मुझे यह कहने का निदेश हुआ है आदि वाक्यांशों से कार्यालय ज्ञापन का प्रारम्भ होता है।

उदाहरण

केरल सरकार

संख्या : ई-544/32-एम.टी. 657/2000

वित्त मन्त्रालय

तिरुवनंतपुरम

14 मार्च, 2002

कार्यालय ज्ञापन

मुझे यह कहने का निदेश हुआ है कि सरकारी अधिकारियों एवं कर्मचारियों के द्वारा सरकारी आवासीय भवनों के मासिक किराए की उनके वेतन से प्रतिमाह कटौती नहीं की जा रही है; जबकि नियमानुसार कटौती प्रति माह करके उसको जमा किया जाना चाहिए।

तत्सम्बन्धी पत्र एवं स्मरण-पत्र समसंख्यक पत्र 14 मार्च , 2001, 16 जून, 2001, 19 सितम्बर, 2001 व 28 जनवरी, 2001 भेजे गए किन्तु अभी भी इसका पालन नहीं किया जा रहा है।

अतः प्रति माह सरकारी आवासीय भवनों की मासिक कटौती करके उसको तुरंत जमा किया जाए।

(वी.वी. जॉन)

उपसचिव

संख्या : ई-544/32-एम.टी 657/2001 14 मार्च, 2002

प्रतिलिपि निम्नांकित को सूचना एवं आवश्यक कार्रवाई हेतु प्रेषित–

1. राज्य के समस्त विभागों के सचिवों को
2. राज्य के समस्त विभागीय निदेशकों को

ज्ञापन
(Memorandum)

कार्यालय ज्ञापन एवं ज्ञापन में केवल इतना अन्तर है कि कार्यालय ज्ञापन द्वारा एक मन्त्रालय दूसरे को या एक सचिवालय अथवा मन्त्रालय के एक अधीनस्थ प्रभाग से दूसरे प्रभाग के बीच सूचनाओं का आदान-प्रदान किया जाता है किन्तु ज्ञापन किसी व्यक्ति को लिखा जाता है, जिसमें प्रार्थना-पत्र, नियुक्ति के लिए आवेदन-पत्र और याचिकाकओं आदि का उत्तर दिया जाता है या पत्र-प्राप्ति की सूचना दी जाती है ।

ज्ञापन के द्वारा अधीनस्थ कर्मचारियों को भी सूचना दी जाती है जो पूर्ण शासकीय आदेश नहीं होती।

उदाहरण

ज्ञापन

संख्या : एफ-98/222 आ.-5256/2000
तमिलनाडु शासन
गृह मंत्रालय
विषय : आवेदन-पत्र प्राप्ति की सूचना

अधोहस्ताक्षरी को आपके दिनांक 20 दिसम्बर, 1999 को नियुक्ति हेतु भेजे गए आवेदन-पत्र को स्वीकार करने का निदेश हुआ है, साथ ही यह भी बताने का आदेश हुआ है कि आपका आवेदन-पत्र विचाराधीन है। निर्णय से यथासमय आपको अवगत कराया जाएगा।

शैरीराजन
अवर सचिव
तमिलनाडु शासन

सेवा में
राजगोपालाचारी
480/2 महात्मा गाँधी मार्ग
इरोड

अधिसूचना
(Notification)

अधिसूचना को घोषणा भी कहा जाता है। शासन की ओर से जन साधारण के सूचनार्थ या सरकारी कार्यालयों, तत्सम्बन्धी अधिकारियों और कर्मचारियों की जानकारी के लिए जो घोषणाएँ की जाती हैं और राजपत्रों में प्रकाशित की जाती हैं, अधिसूचनाएँ कहलाती हैं। इनका उपयोग सरकारी अधिकारियों की नियुक्ति, स्थानान्तरण, पदोन्नति, वेतन-वृद्धि, अवकाश, त्यागपत्र, सेवा-निवृत्ति, अधिनियमों, आदेशों और अधिकारियों के कार्यकारी अधिकारों आदि की सूचना देने के लिए किया जाता है। उसमें प्रेषक/प्रेषिती, सम्बोधन, अधोलेखन नहीं होते।

उदाहरण

केरल के राजपत्र-भाग-1, खंड-4 में प्रकाशनार्थ
केरल सरकार
वित्त मंत्रालय

त्रिवेंद्रम

दिनांक 20 मई, 2002

संख्या 4195/10/2000 श्री गणेशन जिनका स्थानान्तरण कार्मिक मन्त्रालय में हो गया है, के स्थान पर श्री जी. रामचन्द्रन अवर सचिव को नियुक्त किया जाता है।

सेवा मे
प्रबंधक
केरल सरकार प्रेस
त्रिवेंद्रम

एम. लोकनाथन
सचिव

उदाहरण

फ़ा. सं. 48/वि/98/4 व्य./890
केरल सरकार
वित्त मंत्रालय
(व्यय अनुभाग)

त्रिवेंद्रम
दिनांक 20 अगस्त, 2001

संकल्प

1, केरल सरकार विगत कुछ दिनों से अपने कर्मचारियों को केन्द्रीय सरकार के कर्मचारियों के बराबर महँगाई-भत्ता देने के प्रश्न पर विचार कर रही है। इस सम्बन्ध में जाँच-पड़ताल करने और सिफारिशें करने के लिए एक आयोग गठन करने का निश्चय किया गया है, जिसमें निम्नांकित सदस्य होंगे।

2. श्री रमन नायर पूर्व वित्त सचिव इस आयोग के अध्यक्ष होंगे। श्री कृष्णा मेनन और श्रीमती मंजुला आयोग के सदस्य होंगे।

3. आयोग को अपना प्रतिवेदन तीन माह के भीतर प्रस्तुत करना होगा।

4. इस आयोग का विषय-क्षेत्र निम्नांकित होगा :

(क) केन्द्र सरकार के कर्मचारियों के समान महँगाई-भत्ता देना।

(ख) बढ़े हुए महँगाई-भत्ते की रकम से पड़ने वाले आर्थिक भार का आकलन।

5. आदेश दिया जाता है कि अध्यक्ष एवं सदस्यों को इस संकल्प की प्रतिलिपि प्रेषित की जाए। यह भी आदेश दिया जाता है कि इस संकल्प को जनसाधारण की जानकारी हेतु केरल सरकार के गजट-भाग 4, अनुभाग 8 में प्रकाशित किया जाए।

बी.सी. जगन्नाथन
सचिव

सूचना
(Notice)

शासकीय पत्रों का एक अंग है सूचना। सर्वसाधारण की जानकारी के लिए इन्हें सचाचार-पत्रों में प्रकाशित करवाया जाता है। साथ ही पोस्टर्स बनाकर दीवारों पर भी कभी लगा देते हैं या सार्वजनिक स्थानों पर चिपका दी जाती है। सरकारी रिक्त पदों हेतु आवेदन आमन्त्रित करने हेतु, नीति संबंधी, नीलामी संबंधी, न्यायालय संबंधी, सार्वजनिक उपक्रमों की बैठकों संबंधी, स्वायत्त संस्थाओं के निर्णयों संबंधी, आयोग के कार्य संबंधी, व्यावसायिक संस्थाओं के अंशधारियों संबंधी तथा अनुशासनात्मक कार्य से संबंधित सूचनाओं को जनहित एवं प्रशासन चलाने हेतु प्रसारित किया जाता है।

उदाहरण

सूचना

श्री एम. राजेश्वरैया पुत्र श्री पी. राजेश्वरैया
विद्यामोहिनी निवास
1926-ए/3, विद्यानगर
दावनगिरि-577005 (कर्नाटक)

आशुलिपिक लोक निर्माण विभाग, मैसूर को इस नोटिस द्वारा सूचित किया जाता है कि दिनांक 14 जुलाई, 1999 से आप बिना किसी सूचना के कार्यालय से अनुपस्थित हैं। इसलिए आप अनधिकृत रूप से अनुपस्थित रहने के लिए दोषी हैं।

उक्त सूचना के प्रकाशन की तिथि से एक माह के अंदर आप कार्यालय में उपस्थित हों अथवा आप अपना पक्ष प्रस्तुत करें अन्यथा इस मामले में एक-तरफा निर्णय लेते हुए आपकी सेवाएँ समाप्त कर दी जाएँगी।

मुरलीधर नायक
14 सितंबर, 2001 अधिशासी अभियन्ता
लोक निर्माण विभाग
मैसूर

●

आदेश
(Order)

क़ार्यालय अथवा मुख्य कार्यालय के अधीनस्थ कार्यालयों में प्रशासनिक तथा वित्तीय स्वीकृतियों और अनुशासनिक मामलों में सम्बन्धित कर्मचारियों को शासनादेश की

सूचना के लिए आदेश/आज्ञा का उपयोग किया जाता है। राज्यादेश या कार्यालय ज्ञापन से इसमें थोड़ी भिन्नता है।

कर्नाटक शासन
कार्यालय जिला अधिकारी, गुलबर्गा

संख्या : एफ-55/5421-48/पंचायत 26 दिसंबर, 2001

कार्यालय आदेश

श्री के.एन. उदय कुमार, पंचायत राज अधिकारी के दिनांक 30 नवम्बर, 2000 से सेवा-निवृत्त होने तक इस रिक्त पद पर नयी नियुक्ति होने तक श्री मुरलीधर नायक, शिक्षाधिकारी, गुलबर्गा अपने कार्य के साथ जिला पंचायत राज अधिकारी का कार्य भी संपादित करेंगे। इस अतिरिक्त कार्य हेतु उन्हें अतिरिक्त भत्ता देय नहीं होगा।

रमन नायर
जिलाधिकारी

अनुस्मारक/स्मरण पत्र
(Reminder)

किसी कार्यालय को लिखे पत्र का जब कोई उत्तर प्राप्त नहीं होता है तो संबंधित अधिकारी को कार्य-संपादित करके सूचना देने के लिए अनुस्मारक/अनुस्मरण पत्र भेजा जाता है।

अनुस्मरण पत्र का प्रारूप पहले पत्र के समान ही होता है किन्तु अन्त में उत्तर प्राप्ति की अवधि व्यतीत हो जाने पर भी उत्तर न मिलने के लिए खेद प्रकट किया जाता है और कार्य-संपादन की कठिनाई का उल्लेख भी किया जाता है।

कर्नाटक शासन
शिक्षा विभाग

पत्रांक : एफ-16/51555/2000 दिनांक 20 दिसंबर, 2001

प्रेषक :
जिला शिक्षा अधिकारी
बेलगाँव

प्रेषिती :
निदेशक,
शिक्षा विभाग,
कर्नाटक शासन,
बंगलोर

विषय : अध्यापकों की प्रतिनियुक्ति के संबंध में।

महोदय,

इस कार्यालय के समसंख्यक पत्र दिनांक 15 अक्टूबर, 2000 का अवलोकन करें। वांछित सूचना के अभाव में कार्यालय तत्संबंधी प्रकरण में कार्रवाई करने में असमर्थ है।

अतः इस संबंध में एक सप्ताह के भीतर वांछित सूचना भिजवाने की कृपा करें।

भवदीय,
एम. एडवर्ड
जिला शिक्षा अधिकारी

●

पृष्ठांकन
(Endorsement)

किसी पत्र की प्रतिलिपि सूचना या आवश्यक कार्रवाई आदि के लिए एक से अधिक व्यक्तियों को भेजनी आवश्यक होती है। ऐसी स्थिति में पृष्ठांकन किया जाता है। पृष्ठांकन या परांकन का अर्थ है पीछे से अंकित करना, पृष्ठलेख करना, पुष्टि करना आदि। किसी भी आलेख, बिल, तार आदि के पीछे लिखने की क्रिया पृष्ठांकन या परांकन कहलाती है।

इसका उपयोग चार स्थितियों में किया जाता है। पहला–जब कोई पत्र प्रेषक को मूल रूप में वापस किया जाता है तो उसी पर अपने कार्यालय का नाम, पत्रांक एवं दिनांक का उल्लेख किया जाता है। इसमें संबोधन अथवा स्वनिर्देश नहीं होता। मूल कथ्य की समाप्ति पर अधिकारी के हस्ताक्षर, कोष्ठक में नाम तथा पदनाम अंकित किया जाता है। पृष्ठांकन अन्य पुरुष में लिखा जाता है तथा भाषा सुस्पष्ट एवं सरल होती है। दूसरा–जब मूल पत्र की प्रतिलिपि प्रेषिती के अलावा अन्य मंत्रालय या संबद्ध विभाग, प्रभाग तथा कार्यालयों को जानकारी हेतु या टिप्पणी करने अथवा कार्य को निपटाने के लिए इसका उपयोग किया जाता है। तीसरा–प्रेषिती के अलावा जब दूसरे व्यक्ति/व्यक्तियों को सूचनार्थ भी परांकन का उपयोग होता है। चौथा–मूल पत्र को अग्रिम कार्रवाई हेतु संबंधित व्यक्तियों को भेजने के लिए

भी पृष्ठांकन किया जाता है।

संख्या : एफ-16/451(1) 45/5575 दिनांक 25 दिसम्बर, 2000

प्रतिलिपि निम्नांकित को सूचना एवं आवश्यक कार्रवाई हेतु प्रेषित :

(1) महालेखाकार, कर्नाटक सरकार, बंगलोर

(2) मुख्य अभियन्ता, सार्वजनिक लोक-निर्माण विभाग, बंगलोर

प्रेस विज्ञप्ति/प्रेस टिप्पणी
(Press Communique/Press Note)

प्रेस विज्ञप्ति सरकार के किसी निर्णय, प्रस्ताव/आदेश के विस्तृत प्रचार के लिए निर्गत किया जाता है और मुख्य समाचारपत्रों में इसको सर्वसाधारण की सूचनार्थ अविकल प्रकाशित किया जाता है। संपादक उसमें परिवर्तन नहीं कर सकता। किन्तु यदि कोई समाचार कार्यालय से समाचारपत्र को प्रेषित किया जाता है तो उसको संपादित किया जा सकता है।

प्रेस विज्ञप्ति को अंग्रेज़ी में 'प्रेसनोट' और प्रेस विज्ञप्ति को 'प्रेस कम्यूनीक' कहते हैं। इनके प्रकाशनार्थ निश्चित समय-सीमा का प्रतिबन्ध लगाया जाता है। केन्द्र सरकार द्वारा प्रेस विज्ञप्तियाँ सूचना ब्यूरो को भेजी जाती हैं और राज्य सरकारें जनसंपर्क/लोक संपर्क निदेशालयों को अवधिपरक प्रतिबंध के साथ भेजती हैं। इस पर अधिकृत अधिकारी के हस्ताक्षर आवश्यक हैं। दाईं ओर हस्ताक्षरकर्ता अधिकारी का पदनाम दिया जाता है और मंत्रालय एवं विभाग का नाम भी दिया जाता है।

प्रेस विज्ञप्ति

(दिनांक 5 जनवरी, 2002 को 10 बजे (पूर्वाह्न) से पूर्व प्रसारित न किया जाए।)

तमिलनाडु सरकार के गृह मंत्रालय में निम्न श्रेणी लिपिक के कुछ पद रिक्त हैं। शासन के आदेशानुसार आवेदनपत्र दिनांक 5 फरवरी, 2000 तक कार्यालय में पहुँचना चाहिए।

1. **वेतन क्रम :** 900-30-1800 रु.

2. **शैक्षिक योग्यता :** माध्यमिक शिक्षा परिषद् की हायर सेकेंडरी परीक्षा या उसके समकक्ष कोई मान्यता-प्राप्त परीक्षा उत्तीर्ण हो।

3. **आयु-सीमा :** 1-1-2000 को 18 वर्ष से कम नहीं हो और 33 वर्ष से अधिक नहीं हो। अनुसूचित जाति/जनजाति, पिछड़े वर्ग तथा भूतपूर्व सैनिकों के लिए अभ्यार्थियों की आयु-सीमा में 5 वर्ष की छूट।

4. **आवेदनपत्र के साथ :** शैक्षिक योग्यता, आयु, जाति, चरित्र आदि के आवश्यक प्रमाणपत्रों की सत्यापित प्रतिलिपियाँ संलग्न करना अनिवार्य है। जिन आवेदनपत्रों के साथ ये प्रमाण-पत्र नहीं होंगे, उन पर विचार सम्भव नहीं होगा।

5. परीक्षा शुल्क : (क) परीक्षा शुल्क 200 रु. (दो सौ रुपए), ट्रेजरी चालान (तीन प्रतियों में) लेखा शीर्षक (584, गृह मंत्रालय-आवेदन फंड) के मद में तमिलनाडु के किसी भी कोषागार में जमा कराकर चालान की एक प्रति आवेदन-पत्र के साथ संलग्न करना आवश्यक है।

अथवा

(ख) परीक्षा शुल्क क्रोड बैंक ड्राप्ट से लेखा अधिकारी, गृह विभाग, तमिलनाडु सरकार, चेन्नई के नाम से भेजा जा सकता है।

6. लिखित परीक्षा : दिनांक 5 मार्च, 2000 को लिखित परीक्षा आयोजित की जाएगी। समय और स्थान की सूचना प्रवेश-पत्र में दर्ज रहेगी। प्रवेश-पत्र के लिए पता लिखा लिफाफा पंजीकृत डाक से भेजने के लिए 17 रुपए (सत्रह रु.) के डाक टिकट लगाकर संलग्न किया जाए।

आवेदन-पत्र एवं प्रवेश-पत्र में निर्धारित स्थान पर दो पासपोर्ट साइज की फोटो लगानी आवश्यक हैं। आवेदन-पत्र अपूर्ण अथवा ग़लत होने की दशा में निरस्त कर दिया जाएगा।

7. आवेदन पत्र : अभ्यर्थी आवेदनपत्र हेतु टिकट लगा और पता लिखा लिफाफा अनुभाग अधिकार, भाग-च, गृह मंत्रालय, तमिलनाडु सरकार, सचिवालय, चेन्नई को भेजें।

8. नियोजन कार्यालय रजिस्ट्रेशन कार्ड की सत्यापित प्रतिलिपि भी आवेदनपत्र के साथ लगाना अनिवार्य है।

वी.रा. जगन्नाथन
सचिव
गृह मंत्रालय, तमिलनाडु सरकार,
चेन्नई

प्रेस टिप्पणी
(Press Note)

कर्नाटक सरकार ने जनवरी, 2000 से कर्नाटक सरकार के कर्मचारियों को महँगाई-भत्ते की एक और किस्त मंजूर की है। यह महँगाई-भत्ता 2400/- रु. तक मूल वेतन पाने वाले कर्मचारियों को देय होगा। महँगाई-भत्ता मूल वेतन की 3 (तीन) प्रतिशत दर से देय होगा।

इसका आधा भाग कर्मचारियों के भविष्य-निधि खाते में जमा किया जाएगा। यह महँगाई-भत्ता समान दर से पेंशन पाने वालों को भी देय है।

वित्त मंत्रालय, चेन्नई — जे. रामानुजम
तारीख 5 मार्च, 2000 — सचिव
वित्त मंत्रालय

निविदा

निविदा एक ऐसा प्रस्ताव है जो सामान्यतः सार्वजनिक विज्ञापन के उत्तर में निविदा में निर्दिष्ट शर्तों के अधीन माल की आपूर्ति करने या कार्य करने के लिए भाव/दर प्रस्तुत करते हुए किया जाता है। सरकारी कार्यालयों, बैंकों, वित्तीय या व्यावसायिक संस्थाओं में निविदा आमंत्रित करना कार्यालय के पत्राचार का एक हिस्सा है।

निविदा सूचना (Tender Notice) अखबारों में विज्ञापन के रूप में दी जाती है। निविदाकार अपनी दर/मूल्य/भाव आदि देते हुए निविदा प्रस्तुत करते हैं।

उदाहरण

पंजाब सरकार

पत्रिकाएँ एवं प्रचार सामग्री प्रकाशित करने के लिए काग़ज़ की खरीद हेतु अधोहस्ताक्षरकर्ता के कार्यालय में दिनांक 15-11-2001 के 12 बजे (दिन) तक सीलबंद लिफाफे में पंजीकृत डाक से निविदाएँ आमंत्रित की जाती हैं। निविदाएँ 5-12-2001 को प्रातः 11 बजे निविदा दाताओं के समक्ष खोली जाएँगी।

इच्छुक 'सप्लायर्स' काग़ज़ के नमूनों के साथ प्रति रीम अपनी दरें दे सकते हैं।

निविदा के साथ 1000/- (एक हजार) रुपये का ड्राफ्ट, जो सिक्योरिटी के रूप में निदेशक, जन संपर्क विभाग, पंजाब सरकार, चंडीगढ़ को देय होगा, संलग्न, संलग्न करना आवश्यक होगा अन्यथा निविदा निरस्त समझी जाएगी। नकद धनराशि स्वीकार नहीं की जाएगी।

अधोहस्ताक्षरकर्ता को पूर्ण अधिकार होगा कि वह किसी एक या सभी निविदाओं को बिना कारण बताए रद्द कर सकता है।

वी.के. खन्ना
निदेशक
जन संपर्क निदेशालय, पंजाब सरकार
चंडीगढ़

पालीटेकनिक में प्रवेश-सूचना

हरियाणा सरकार की पालीटेकनिक संस्थाओं में स्टेनोग्राफी एवं सेक्रेटेरियल प्रैक्टिस पाठ्यक्रम में प्रवेश हेतु आवेदन-पत्र आमंत्रित किए जाते हैं।

1. आवेदन-पत्र निदेशक, तकनीकी एवं प्राविधिक शिक्षा, हरियाणा सरकार, चंडीगढ़ के कार्यालय से दस रुपए देकर प्राप्त किए जा सकते हैं।

2. आवेदन-पत्र निदेशक के कार्यालय में 30 जून, 2001 तक पहुँचने चाहिए।

3. प्रवेश के लिए अभ्यर्थी को हायर सेकेंडरी परीक्षा उत्तीर्ण होना अनिवार्य है।

4. आयु-सीमा : अभ्यार्थी की आयु 30 जून, 2001 को 16 वर्ष से कम और 22 वर्ष से अधिक नहीं होनी चाहिए। अनुसूचित जाति/जनजाति तथा अन्य पिछड़ी जाति तथा स्वतन्त्रता संग्राम सेनानी/सैनिकों के पुत्रों/पुत्रियों अभ्यर्थियों को निर्धारित आयुसीमा में 5 वर्ष की छूट प्रदान की जाएगी।

5. आरक्षित स्थान : अनुसूचित जाति के लिए 20 प्रतिशत स्थान, अनुसूचित जनजाति के अभ्यर्थियों के लिए 5 प्रतिशत तथा पिछड़े वर्ग के अभ्यर्थियों के लिए 15 प्रतिशत एवं स्वतन्त्रता सेनानी/सैनिकों के पुत्र-पुत्रियों के लिए 5 प्रतिशत स्थान आरक्षित हैं।

निदेशक
तकनीकी एवं प्राविधिक शिक्षा,
हरियाणा सरकार
चंडीगढ़

तार
(Telegram)

शासकीय कार्यालयों में जब तत्काल कार्यवाही के लिए कोई सन्देश भेजना होता है या शासकीय पत्र तथा तत्सम्बन्धी तीन अनुस्मारक देने पर अथवा अर्द्धशासकीय पत्र भेजने पर कोई उत्तर नहीं मिलता है, तो तार का उपयोग किया जाता है। तार का प्रयोग किसी विषय या समस्या की गम्भीरता तथा तत्क्षण कार्य-सम्पादन के ज्ञाप्न-हेतु किया जाता है।

तार का कलेवर बहुत संक्षिप्त, सटीक एवं स्पष्ट होना चाहिए।

तार छः प्रकार के होते हैं : स्पष्ट भाषा तार या शब्दबद्ध तार (Open Telegram), कूट तार (Code Telegram), सामान्य तार (Ordinary Telegram), द्रुतगामी तार (Express Telegram) उच्च प्राथमिकता तार (Top Priority Telegram) तथा बधाई तार (Greeting Telegram) ।

इनके अलावा शासकीय तारों की प्राथमिकता निम्नांकित है :

(क) जीवन रक्षा हेतु संकट सन्देश (S.O.S.)

(ख) अति तात्कालिक (Most Immediate)

(ग) सैन्य तात्कालिक (Operation Immediate)

(घ) तात्कालिक (Immediate)

(च) आवश्यक (Important) ।

कुछ कार्यालय, संस्थाएँ या व्यावसायिक संस्थान अपने संक्षिप्त नाम पंजीयत

करा लेते हैं, उदाहरण—मद्रास विश्वविद्यालय, विश्वविद्यालय, कल्पतरु, आदि। इससे पते का खर्च कम हो जाता है। तार में प्रत्येक शब्द के पैसे लगते हैं। अतः पंजीयत नाम पता सस्ता साधन है। पिनकोड अवश्य लिखा जाना चाहिए, यह निःशुल्क होता है।

पता पिनकोड लिखने से पूर्व तार के फॉर्म या सादे काग़ज़ पर सामान्य/द्रुतगामी तार अवश्य लिखा जाता है। पता लिखने के बाद एक रेखा खींच दी जाती है। उसके नीचे तार में लिखा जाने वाला मूल सन्देश लिखा जाता है, जो संक्षिप्त तथा सन्दर्भ-युक्त होना चाहिए। तार की भाषा में विभक्तियों एवं सहायक क्रियाओं को मिलाकर लिखा जाता है, अलग लिखने पर एक शब्द मान लिया जाता है।

मूल सन्देश के नीचे दायीं ओर प्रेषक अधिकारी का पदनामोल्लेख करके नीचे रेखा खींच दी जाती है। रेखा के बाद लिखना होता है–

"तार में सम्मिलित नहीं किया जाए"। इसके आगे डैश लगाकर नीचे तार प्रेषण कार्यालय का पत्रांक व दिनांक लिखते हैं।

तार पुष्टि पत्र : तार भेजने के बाद तार की पुष्टि करना आवश्यक कार्यवाही है। अतः तार की तीन प्रतियों में से एक तारघर को, दूसरी तार पुष्टि पत्र (Confirmation Letter Telegram) के रूप में डाक से भेजी जाती है तथा एक तत्सम्बन्धी फाइल में रखी जाती है।

प्रारूपकार को तार का मूल प्रारूप तैयार करते समय ही सारी अर्हताएँ पूरी करनी होती हैं। तार पुष्टि पत्र के अन्त में अधिकारी के हस्ताक्षर से पूर्व–"तार की प्रति पुष्टि के प्रमाण हेतु सामान्य डाक से प्रेषित कर तुरन्त कार्यवाही अपेक्षित है।"

उदाहरण-1

तार सरकारी	द्रुतगामी तार
प्रेषिती :	जीवन रक्षा हेतु संकट सन्देश
मुख्यमंत्री	25 जून, 2000

कर्नाटक
बंगलोर-560002

पत्रांक मु.मं. 57/अ.शा./8898 दिनांकित 16 जून कृपया तुरंत पानी छोड़िए। चेन्नई के जल संकट संदर्भ में।

मुख्यमंत्री, तमिलनाडु

तार में सम्मिलित नहीं किया जाए :
पत्रांक समसंख्यक/दिनांक 25 जून, 2001
मुख्यमंत्री, कर्नाटक सरकार

तार की प्रति पुष्टि के प्रमाण हेतु सामान्य डाक से प्रेषित कर तुरन्त कार्यवाही अपेक्षित है।

प्रेषक
श्री वी.रा. जगन्नाथन
सचिव, मुख्यमंत्री कार्यालय

हस्ताक्षर
(वी.रा. जगन्नाथन)
सचिव, मुख्यमंत्री कार्यालय

उदाहरण-2

तार सरकारी

सामान्य तार
दिनांक 17 जुलाई, 2001

मुख्यमंत्री
सरकार

पत्रांक : 41/अ.शा./3837 दिनांकित 16 जून, 2000 कृपया बंगलोर की बैठक में भाग लेने की स्वीकृति भिजवाइए।

मुख्यमंत्री, कर्नाटक सरकार

तार में सम्मिलित नहीं किया जाए–
पत्र समसंख्यक/दिनांक 17 जुलाई, 2000
सेवा में,
मुख्यमंत्री,
केरल सरकार

तार की प्रति पुष्टि के प्रमाण हेतु सामान्य डाक से प्रेषित कर तुरंत कार्रवाई की अपेक्षा।

हस्ताक्षर
(पी. मुरलीधर)
सचिव, मुख्यमंत्री कार्यालय

प्रेषक :
सचिव मुख्यमंत्री
कर्नाटक सरकार
बंगलोर–560002

टिप्पण और प्रारूपण

प्रशासनिक पत्राचार में टिप्पण एवं आलेखन या प्रारूपण का बहुत महत्त्व है। कार्यालय में प्राप्त पत्रों अथवा कार्यालय की अपनी आवश्यकता को पूरी करने के लिए टिप्पणी तैयार की जाती है। इसी टिप्पणी के आधार पर प्रारूप पत्रोत्तर का प्रारूप आलेख तैयार करता है। शासकीय पत्राचार में टिप्पण एवं प्रारूपण दो पहिए हैं, जिन पर शासकीय पत्राचार की गाड़ी चलती है।

(क) टिप्पण (Noting)

कार्यालय में प्राप्त होने वाले पत्रों को आवती कहते हैं। आवती रजिस्टर में दर्ज़ की जाती है तब संबद्ध अनुभाग के डायरीकार के पास भेजी जाती है। डायरीकार उस आवती को डायरी में दर्ज़ करके अनुभाग अधिकारी को देता है और अनुभाग अधिकारी संबद्ध सहायक का नाम लिखकर उसके पास भेजता है। कभी-कभी पत्र सीधे उच्च अधिकारी के पास भेजे जाते हैं, वह संबद्ध अनुभाग अधिकारी को आवश्यक निदेश के साथ भेज देता है।

टिप्पण क्या है?

कार्यालय में आवती आने के बाद प्रक्रिया आरम्भ होती है जो निस्तारण तक चलती है। इस प्रक्रिया के प्रत्येक चरण में सुझाव, संकेत, निर्देश, दर्ज़ किए गए तथ्य, सूचनाएँ आदि टिप्पण कहलाती हैं।

आवती को सम्बन्धित सहायक संगत मिसिल या पत्रावली (फाइल) में नोट शीट पर टिप्पणी के साथ अनुभाग अधिकारी को प्रस्तुत करता है। मिसिल (पत्रावली) में पत्र दाईं ओर रखे जाते हैं और नोट-शीट जिसमें टिप्पणी लिखी जाती है बाईं ओर रखी जाती है।

प्रथम टिप्पणी संबंधित सहायक की होती है। वह पत्र का सारांश प्रस्तुत करता है कि उसमें उल्लिखित तथ्य सही हैं या नहीं हैं, उसकी ओर इंगित करता है।

पूर्व पत्राचार का सारांश भी टिप्पणी में देता है। आवती पर निर्णय हेतु वह नियम-विनियमों, नीतियों और पूर्व निर्णयों का उल्लेख करता है जिनके अनुसार आवती पर निर्णय लेना उचित होगा। अन्त में उस विषय में जिन मुद्दों पर निर्णय अपेक्षित हो उसका उल्लेख होता है। टिप्पणी के अन्त में टिप्पणीकार बाईं ओर अपने आद्यक्षर करता है।

टिप्पणी के उद्देश्य

(1) तथ्यों को स्पष्ट किन्तु संक्षेप में अधिकारी के सम्मुख प्रस्तुत करना तथा आवश्यकतानुसार दृष्टान्त या पूर्व निर्णय के उदाहरण प्रस्तुत करना। (2) वांछनीय विषय पर अपने विचार स्पष्ट रूप में प्रस्तुत करना। (3) निस्तारण हेतु सुझाव देना।

इन उद्देश्यों से लिखी टिप्पणी अधिकारी को निर्णय लेने में सहायता करती है तथा सुविधाजनक होती है। टिप्पणी लिखते समय निम्न बातों का ध्यान रखना आवश्यक है :

टिप्पण और टिप्पणी : स्वतः पूर्ण सामग्री की प्रस्तुति टिप्पण है जिसका प्रयोग सरकारी पत्राचार में होता है। गैर-सरकारी प्रतिष्ठानों में अधिकारियों के विचारार्थ प्रस्तुत किया जाने वाला नोट, 'टिप्पणी' कहलाता है। टिप्पणी में पत्र (आवती/प्राप्ति) का विषय, कारण नियम, कार्यालय में कार्य-स्थिति का वर्णन तथा सुझाव दिए जाते हैं।

टिप्पणियों के प्रकार

जैसा ऊपर बताया गया है टिप्पणी अनुभाग अधिकारी से अधिकारी के पास पहुँचती है तो वह उस पर निम्नांकित कार्रवाई कर सकता है :

(क) **नेमी टिप्पणी** : यदि वह टिप्पणी से सहमत होता है तो आगे की कार्रवाई के लिए उच्च अधिकारी को भेज देता है।

असहमति होने पर तर्क देते हुए या कारण बताते हुए मिसिल उच्च अधिकारी को भेजता है।

उदाहरण के लिए :

- आदेश के लिए प्रस्तुत।
- आगे कोई कार्रवाई अपेक्षित नहीं है।
- इस सम्बन्ध में कार्रवाई की जा रही है।
- टिप्पणी प्राप्त होने पर यदि टिप्पणी अस्पष्टता होती है अथवा असहमति होती है तो उच्चाधिकारी चर्चा करें या बात करें, लिख कर टिप्पणी संबद्ध

सहायक को लौटा देता है। जैसे– 1. चर्चा करें। 2. बात करें। 3. देख लिया, धन्यवाद।

- इस मामले का तारीखवार सार नीचे प्रस्तुत है।

इस प्रकार की टिप्पणी को नेमी टिप्पणी कहते हैं। ये गौण या कम महत्त्व के मामलों पर सामान्य विचार-विमर्श के लिए उपयोग में लाई जाती हैं और दैनिक प्रशासनिक पत्र-व्यवहार के काम आती हैं।

(ख) आदेशात्मक टिप्पणी : आदेशात्मक टिप्पणी में अधिकारी किसी मामले में आदेश देता है अथवा किसी तरह की जानकारी देने के लिए लिखता है।

उदाहरण

- जाँच की विस्तृत रिपोर्ट (विवरण) प्रस्तुत की जाए।
- सभी सम्बद्ध कर्मचारी नोट कर लें।
- वित्त मन्त्रालय से अनुमोदन प्राप्त करें/किया जाए।
- इसको आगे कि कार्रवाई हेतु वेतन लेखा कार्यालय को भेजा जाए।
- सम्बन्धित मामलों में लिए गए पूर्व निर्णयों का विवरण प्रस्तुत किया जाए।

टिप्पण दो प्रकार की होती है। पहली, सहायक स्तर की पूर्व टिप्पणी पर आधारित होती है जिसकी चर्चा ऊपर की जा चुकी है, जिसमें सक्षम अधिकारी अपना निर्णय देता है।

दूसरी टिप्पणी अधिकारी द्वारा स्वतन्त्र रूप से की जाती है। यह आवती पर नहीं, प्रशासनिक आवश्यकता पर आधारित होती है। इसमे प्रशासनिक मामले में अधिकारी उच्च स्तर के अधिकारी को सुझाव देता है और अनुमोदन के लिए उसके पास भेजता है। उदाहरण के लिए—कार्यालय में काम बढ़ जाने से नये पद सृजित करने के विषय में :

कर्नाटक सरकार
कार्मिक विभाग

1. कार्मिक अनुभाग—ख में प्रतिवर्ष अन्य विभागों में होने वाली भर्ती के फलस्वरूप व्यक्तिगत पत्रिकाएँ (फाइल) बढ़ती जा रही हैं, किन्तु इस अनुभाग में दस वर्ष पूर्व आठ सहायक थे, आज भी वही संख्या है।

2. वर्तमान कार्यभार को देखते हुए इस अनुभाग में कम-से-कम आठ पद और सृजित किए जाएँ, जिससे शासकीय कार्यों का निस्तारण समय पर हो सके।

3. सम्प्रति विभिन्न विभागों से आने वाले पत्रों का उत्तर समय पर नहीं जाता है, जिससे कर्मचारियों/अधिकारियों से मौखिक/लिखित शिकायतें मिलती रहती हैं।

4. ऐसी परिस्थिति में नवीन पदों का सृजन तत्काल किया जाना विभागीय हित में होगा।

कृष्ण स्वामी

अनुभाग-ख — अवर सचिव

कार्मिक विभाग

(घ) **अंतरविभागीय टिप्पणी :** अंतरविभागीय टिप्पणी का उपयोग दो विभागों के बीच होता है। अथवा एक ही विभाग की पंजिकाओं में।

उदाहरण-1

(1)

तमिलनाडु सरकार

सार्वजनिक निर्माण विभाग

राज्य सेवा (ख) अनुभाग

अनुभाग टिप्पणी

राज्य सेवा अनुभाग-ख की बैठक में राज्य के सार्वजनिक निर्माण विभाग की सभी शाखाओं में दैनिक मजदूरी पर पूर्ण अस्थायी तौर पर मजदूर भर्ती करने का निर्णय लिया गया। अतः 250 मजदूरों के प्रतिदिन 60 रुपए के हिसाब से मजदूरी देने की स्वीकृति प्रदान की जाए।

कृ. ना. स्वामी — 20 नवंबर, 2002

उपसचिव

वित्त सचिव

(2)

वित्त मंत्रालय के निर्णय के अनुसार दैनिक मजदूरी चालीस रुपए प्रतिदिन है। अतः 250 मज़दूरों की मजदूरी चालीस रुपये प्रतिदिन के हिसाब से दी जाए। तत्संबंधी सूचना संबद्ध अधिकारियों को भेजी जाए।

रामास्वामी — सचिव

वित्त अनुभाग अधिकारी — सार्वजनिक लोक निर्माण विभाग

21 नवंबर, 2002

उदाहरण-2

(1)

लेखा अनुभाग के अवर श्रेणी लिपिक श्री वर्द्धराजन का अर्जित अवकाश हेतु आवेदनपत्र मूल पृष्ठ संख्या 88 पर ।

पत्र संख्या : लेखा/16-507/5244 दिनांक 20 नवम्बर, 2002

1. लेखा अनुभाग के अवर श्रेणी लिपिक श्री वर्द्धराजन ने 24 दिसम्बर, 2000 से 2 जरवरी, 2001 तक के लिए अर्जित अवकाश हेतु प्रार्थना-पत्र दिया है।

2. अवकाश का कारण उन्होंने तीर्थयात्रा बताया है।

3. श्री वर्द्धराजन की व्यक्तिगत पंजिका के अनुसार उनका 35 दिन का अर्जित अवकाश जमा है। अतः उन्हें नियमानुसार माँगा गया 10 दिन का अर्जित अवकाश दिया जा सकता है।

4. अनुमोदन हेतु प्रस्तुत।

रा. मूर्ति
सहायक (4) ह.
दिनांक 20 नवंबर, 2001 अनुभाग अधिकारी

(2)

अनुमोदनार्थ
सिद्धार्थन
अनुभाग अधिकारी सचिव

(3)

(सचिव ने हस्ताक्षर करके मिसिल पुनः अनुभाग अधिकारी को लौटाई। तात्पर्य यह है कि अनुमोदन कर दिया गया।)

आदेश जारी किए जाएँ।

सहायक (4) सिद्धार्थन ह.

(4)

आदेश का प्रारूप आलेख अनुमोदन के लिए संलग्न है। पृ. 89

रा. मूर्ति
सहायक (4) अनुभाग अधिकारी

(5)

आदेश जारी किया गया।

रा. मूर्ति
सहायक (4)

(ख) प्रारूपण या आलेखन

टिप्पणी में कार्यालय में आवती पर की जाने वाली कार्रवाई की चर्चा की जा चुकी है। जो पत्र (आवती) कार्यालय में आया उत्तर टिप्पणियों के आधार पर दिया जाता है। उत्तर भेजने से पूर्व पत्र का कच्चा या अंतिम रूप तैयार किया जता है, यही रूप

प्रारूप, आलेख या मसौदा कहलाता है। अर्थात् आवती पर जब टिप्पण कार्य पूरा हो जाता है तो टिप्पणी में दिए गए आदेश के आधार पर तैयार उत्तर ही आलेख अथवा प्रारूप अथवा मसौदा कहलाता है।

यह प्रारूप सहायक/लिपिक तैयार करके अनुभाग अधिकारी को प्रस्तुत करता है। अनुभाग अधिकारी आवश्यक परिवर्तन करके सम्बन्धित अधिकारी को अनुमोदन (स्वीकृति/मंजूरी) के लिए प्रस्तुत करता है। अधिकारी उसमें आवश्यक परिवर्तन करता है या संशोधन आवश्यक समझता है तो सुझावों के साथ लौटा देता है। सहायक आदेशानुसार पुनः प्रारूप प्रस्तुत करता है। जब अधिकारी मसौदे पत्र पर मंजूरी दे देता है तो पत्र की स्वच्छ अंतिम प्रति तैयार करके (टाइप करके) सक्षम अधिकारी के हस्ताक्षर करवाकर पत्र को यथास्थान भेजा जाता है। इस तरह टिप्पण और प्रारूपण परस्पर सम्बद्ध हैं।

प्रारूपण में ध्यान देने योग्य बातें

1. प्रारूप में पत्र संख्या, तारीख, उद्धरण, संदर्भ आदि सही होने चाहिए।
2. कोई आवश्यक बात, संदर्भ आदि छूटना नहीं चाहिए।
3. अपेक्षित सूचनाएँ सहज और स्पष्ट भाषा में लिखी जानी चाहिए। वाक्य सीधे, सुसंगत और प्रभावपूर्ण होने चाहिए। अप्रचलित, साहित्यिक, जटिल, श्लिष्ट और ठेठ स्थानीय भाषा का प्रयोग नहीं किया जाना चाहिए।
4. संक्षिप्तता हेतु अनावश्यक विस्तार से बचना चाहिए। अर्थ स्पष्ट होना चाहिए।
5. प्रारूप/आलेख की मान्य शैली है जो परम्परा से स्वीकृत है, अतः उसमें परिवर्तन अपेक्षित नहीं है।

प्रारूप की आवश्यकता

कार्यालय में कई तरह के पत्र लिखने पड़ते हैं। बाहर से आए पत्रों का प्रत्युत्तर देना होता है और कुछ पत्र कार्यालय के विभिन्न विभागों का कामकाज चलाने के लिए भी लिखे जाते हैं। भिन्न-भिन्न प्रयोजन के लिए पत्रों का रूप भी अलग-अलग होता है और उसके आधार पर ही पत्र का मसौदा तैयार किया जाता है।

1. **शीर्षक** : सर्वोच्च स्थान पर शीर्षक होता है, जिसमें निम्नांकित पाँच बातों का उल्लेख करना होता है :

(क) प्रथम पंक्ति में पत्र-संख्या

(ख) दूसरी पंक्ति में भारत सरकार अथवा राज्य। जैसे तमिलनाडु/केरल/कर्नाटक (सरकार) लिखा जाता है और उसके बाद कार्यालय, मन्त्रालय और विभाग का नाम।

(ग) अगली पंक्ति में पत्र-प्रेषक का नाम और उससे अगली पंक्ति में पद-नाम

तथा भारत/राज्य सरकार के कार्यालय का नाम लिखा जाता है।

(घ) अगली पंक्ति में प्रेषिती/सेवा में लिखकर उस अधिकारी/व्यक्ति का नाम, पदनाम, कार्यालय का नाम-पता लिखा जाता है जिसको पत्र भेजा जा रहा है।

(च) स्थान और तारीख एक ही पंक्ति में पत्र के दायीं ओर लिखी जाती है।

2. विषय : पत्र का विषय इस शीर्षक में लिखा जाता है।

3. सम्बोधन : सरकारी पत्रों में सम्बोधन के रूप में सरकारी अधिकारियों को महोदय/महोदया, माननीय महोदय, श्रीमान आदि ही लिखा जाता है, किन्तु गैर-सरकारी व्यक्ति को लिखने पर प्रिय महोदय लिखा जाता है।

4. पत्र का मुख्य भाग : पत्र का यह मुख्य भाग है जिसमें जो कुछ कहना है, लिख दिया जाता है। पूर्व पत्राचार हुआ है तो उसका संदर्भ भी दिया जाता है वास्तविक घटनाओं का स्पष्टीकरण तथा सम्पूर्ण विषय का निष्कर्ष दे दिया जाता है। नियम, दृष्टांत, उदाहरण भी दिए जाते हैं।

5. स्वनिर्देश : सरकारी पत्रों में भवदीय/भवदीया, किन्तु अर्द्धसरकारी पत्रों में आपका/आपकी स्वनिर्देश प्रयुक्त होता है। उसके नीचे प्रेषक के हस्ताक्षर और नीचे कोष्ठक में नाम और पदनाम लिखा जाता है। कभी पद-नाम नहीं भी लिखते हैं।

6. संलग्न पत्र : यदि पत्र के साथ अन्य काग़ज़ात/पत्रों की प्रतियाँ भेजी जा रही हैं तो हस्ताक्षर के समानान्तर बायीं ओर उनका उल्लेख किया जाता है।

7. पृष्ठांकन : पत्र की प्रतियाँ जिन अधिकारियों को भेजना अपेक्षित हो तो पत्र संख्या और तारीख देकर नीचे प्रतिलिपि निम्नांकित को आवश्यक कार्रवाई हेतु/सूचनार्थ आदि लिखकर नीचे क्रम संख्या देते हुए अधिकारी का नाम-पता लिखा जाता है।

अनुवाद

एक भाषा में व्यक्त भावों-विचारों को जब दूसरी भाषा में ज्यों का त्यों रखा जाए तो उसको अनुवाद कहते हैं। किसी भाषा में कही हुई बात को फिर से दूसरी भाषा में कहने के लिए अनुवादक को भाषाओं और विषय का पर्याप्त ज्ञान आवश्यक है। जिस भाषा में अनुवाद करते हैं, उसको स्रोत भाषा और जिसमें किया जाए उसको लक्ष्य भाषा कहते हैं। अनुवाद का प्रथम चरण है स्रोत भाषा के कथन का अर्थ ग्रहण (समझना) और द्वितीय चरण में लक्ष्य भाषा में कथन को कहना। अनुवाद करते समय शब्दकोश की सहायता लेनी चाहिए।

आधुनिक युग में अनुवाद का बहुत महत्त्व है। विश्व में ज्ञान-विज्ञान, तकनीकी आदि के क्षेत्र में हो रही प्रगति की जानकारी के लिए अनुवाद की आवश्यकता है। भारत में तो अनुवाद का विशेष महत्त्व है। संप्रति 18 राज्य भाषाओं को संविधान की आठवीं सूची में स्थान दिया गया है और हिन्दी केन्द्र सरकार की राजभाषा है किन्तु उसके साथ अंग्रेजी का प्रयोग शासन कार्यों में किया जाता है। अतः इन दो भाषाओं के कारण अंग्रेजी से हिन्दी या हिन्दी से अंग्रेजी में अनुवाद आवश्यक है। भारतीय भाषाओं से भी हिन्दी और विलोमतः अनुवाद का राष्ट्रीय एकता के संदर्भ में बहुत महत्त्व है।

यहाँ अंग्रेजी से हिन्दी और हिन्दी से अंग्रेजी के कुछ अनुवाद अभ्यास उदाहरण के लिए दिए जा रहे हैं।

हिन्दी वाक्य :

1. मेरे दो पुत्र हैं।
2. मेरे पास एक पुस्तक है।
3. मैंने वह घर छोड़ दिया।
4. मुझे इसकी सच्चाई में संदेह है।
5. मुझे संदेह है कि वह इसको स्वीकार करेगा।
6. कश्मीर में निरपराध लोगों की हत्याओं की निंदा की जानी चाहिए।

7. इससे मुझे आश्चर्य भी हुआ और सुख भी।
8. डॉक्टर ने संतोषजनक ढंग से रोगी का इलाज नहीं किया।
9. शोधकर्ता ने संतोषजनक ढंग से विषय का प्रतिपादन नहीं किया।
10. बैंकों की ब्याज दरें बहुत कम हैं।
11. उसको क्रिकेट में रुचि नहीं है।

अंग्रेजी अनुवाद

1. I have two sons.
2. I have one book.
3. I have left that house.
4. I wonder if this is true
5. I wonder if he accepts this.
6. The killings of innocent people in Kashmir must be condemend.
7. It was a pleasant sruprise to me.
8. Treatment of patient by doctor was not satisfactory.
9. Treatment of subject by research scholar was not satisfac tory.
10.Interest rates of banks are very low.
11. He has no interest in cricket.

हिन्दी से अंग्रेजी अनुवाद

1. हिन्दी अवतरण

भारत की सारी नदियाँ पश्चिम से पूर्व या पूर्व से पश्चिम की ओर ही बहती हैं। उत्तर से दक्षिण या दक्षिण से उत्तर की ओर एक भी नहीं...क्यों? क्यों नही बहतीं? और पूर्व से पश्चिम बहने वाली नदी से एक अन्य नदी विपरीत दिशा की ओर बहती है-सिन्धु और ब्रह्मपुत्र उदाहरण हैं। नदियाँ विभाजक रेखा हैं और प्रकृति को हमारा विभाजन स्वीकार नहीं है। हमारी नदियाँ विभाजक रेखा होते हुए भी कहीं-न-कहीं हमें बाँधती हैं-स्नान पर्व पर हमें जोड़ती हैं...कोई दृश्य या अदृश्य सूत्र है जो कन्याकुमारी और परशुराम कुण्ड को एक किए हुए है। प्रकृति ने हमें एक बनाया है...एक अनिवार्य अविच्छिन्न इकाई। एकाता की नींव पर ही हमारे राष्ट्र की भित्ति सुदृढ़ होगी।

अंग्रेजी अनुवाद

All the rivers of India flow from west to east or east to west None of them from north to south or south to north...why? Why not flow? A rever flows from east to west and another one rever flows in the opposit direction-Indus and Brahamputra are the examples. Rivers are dividing lines and nature does not accept our division. Our rivers kare dividing lines but still they unit us-on the occasion of bathing...There is some visible factor which is uniting Kanya Kumari to Parshuram Kund. The nature has created us as one...One essential unidivilable unit. The wall of our Nation will be solid/strong on the foundation of unity.

2. हिन्दी अवतरण :

एक बार मूर्ख व्यक्ति अपनी ससुराल जा रहा था। उसको 'हाँ' और 'नहीं' बोलना सिखाया गया और उससे कहा गया कि वह कोई दूसरा शब्द न बोले।

उसको देखकर सास ने पूछा–"क्या तुम ठीक हो?"

मूर्ख बोला, "हाँ।"

तब वह बोली–"क्या मेरी बेटी ठीक है?"

मूर्ख बोला, "नहीं।"

"क्या उसको बुखार है?" सास ने पूछा।

"हाँ।" मूर्ख बोला।

"क्या वह अब ठीक नहीं है?" सास ने पूछा।

"नहीं।" मूर्ख बोला।

"क्या वह मर गई है?" उसने पूछा।

"हां," मूर्ख ने कहा।

सास जोर से रोने लगी।

अंग्रेजी अनुवाद :

Once a Foolish man was going to his father-in-law's place. He was taught to speak 'yes' and 'No' and was told that he that the should not utter any other word.

The mother-in-law on seeing him said, "Are your all right?"

The fool said, "Yes"

She then asked, "Is may daughter well?"

The fool said, "No"

"Is she suffering from fever?" The mother-in-law asked.

"Yes," said the fool.

"Is she not well now?" asked the mother-in-law.

"No" said the fool.

"Is she dead?" she asked.

"Yes" said the fool.

The mother-in-law started weeping loudly.

3. हिन्दी अवतरण

लाहौल और स्पीति हिमाचल प्रदेश का सबसे बड़ा ज़िला है। यह ऊँचे पर्वतों का विशाल क्षेत्र है और एक संकरी घाटी है जिसके उत्तर में लद्दाख और तिब्बत, पूर्व में किन्नौर और दक्षिण में कुल्लू घाटी है। लाहौल की लगभग आधी जनसंख्या बौद्ध है, जबकि शेष आधी हिन्दू। लाहौल के मन्दिरों में और घरों में, दोनों धर्मों की मूर्तियाँ साथ-साथ देखी जा सकती हैं। इस क्षेत्र की मुख्य भाषा भोटी है, जो तिब्बती से मिलती है।

अंग्रेजी अनुवाद

Lahul and Spiti, the largest district of Himachal Pradesh, is a vast area of high mountains and a narrow valley vounded by Ladakh and Tibet to the North, Kinnaur to the East and the Kullu valley to the South. In Lahul, about half of the population is Buddhist, while the other half is Hindu. In the temples and homes. Hte idols from both the religions can be seen side by side. The main lan Guage of this area is Bhoti, which is similar to Tibetan.

4. हिन्दी अवतरणः

राजस्थान सूखे की चपेट में

इस वर्ष राज्य के 23 जिलों में 24,500 से अधिक गाँव सूखे की चपेट में आ गए हैं। शेष 9 जिलों से अभी तक विवरण नहीं आया है।

गिरदावरी रपट के अनुसार 2,500 करोड़ रुपए की फसल का नुकसान हुआ है। राजस्थान में यह तीसरी बार सूखा पड़ा है। 1998-99 में राज्य ने 22000 गाँवों को सूखाग्रस्त घोषित किया था। 1999-2000 में यह संख्या बढ़कर 23,500 गाँवों तक पहुँच गई। इस वर्ष इसने अपने पहले के सब रेकार्ड तोड़ दिए। गाँवों की संख्या बचे हुए नौ ज़िलों से रपट आने पर और बढ़ेगी।

प्राथमिक रपट के अनुसार इस वर्ष का सूखा गत वर्ष से अधिक गम्भीर होगा।

Rajasthan in the grip of drought

This year more than 24,500 villages are reeline under drough, in the 23 districts of the state. Reports from the remaining nine districts have not yet arrived.

According to Girdawari report loss of crop is fo Rs. 2500 crors. this is the third consecutinve drought in Rajasthan. In 1998-99 the state declared 22,000 villages as drought hit. The number rose to 23,500 villages in 1999-2000. This year it crossed all its earlier records. The numver of villages will further rise when the report from nine districts pour in.

According to the preliminary reports the drought this year will be more intense than the last year.

5. हिन्दी अवतरण

बादल की कनाडा यात्रा स्थगित

पंजाब के मुख्यमन्त्री श्री प्रकाशसिंह बादल की अगले महीने में निर्धारित कनाडा यात्रा स्थगित हो गई।

वरिष्ठ सुरक्षा कर्मियों के अनुसार दो सिख उग्रवादियों के कनिष्क विमान की ब्रिटिश कोलम्बिया में दुर्घटना के कारण पकड़े जाने से उत्पन्न सुरक्षा के खतरे के कारण योजना में परिर्वतन किया गया है। श्री बादल के समर्थक भी सम्भावित अवांछित घटना को या उग्रवादियों के द्वारा विरोध की अपेक्षा से चिन्तित हैं।

वरिष्ठ अधिकारियों को यह सूचना मिली है कि लगभग दस दिन की यात्रा को स्थगित किया जाता है। आधिकारिक रूप से इसका कोई विशेष कारण नहीं दिया गया है।

अंग्रेजी अनुवादः

Badal's Canada tour puts off

Punjab Chief Minister Mr. Prakashj Singh Badal's Tour of Canada, Scheduled for next mounth, stands deferred.

According to Senior, security personnel two sikh hardkiners were arrested for Kanishka crash in Bridish Columbia, Caused Security threat which is a reason for the change in plan.

Mr. Badal's supporters are also worried of any untoward incident or possible protest.

A communication received by senior officers to day inforemed them about the post ponement of almost ten-day tour. No dpecific reason has been officiallly assigned for the same.

6. हिन्दी अवतरणः

मुझे एक घटना याद आ रही है। मैं शान्तिनिकेतन में नया था। गुरुदेव उन दिनों सुबह अपने बगीचे में निकला करते थे। मैं भी एक दिन उनके साथ हो लिया। मेरे साथ एक पुराने अध्यापक थे। हम तीनों बगीचे में घूम रहे थे। मौसम सुहावना था। अभी सूर्योदय नहीं हुआ था। आधा घंटे तक घूमकर हम अपने-अपने घर लौटे।

अंग्रेजी अनुवादः

I am remembering/recalling an incident. I was new in Shantiniketan Those days Gurudev used to wald in his garden On day I also accompanied him. An old teache was with moe. we, Three persons. were walkingh in the garden . The weather was pleasant. Still the sun thas not risen We returned to our respective residences after half an hour.

7. हिन्दी अवतरणः

शिक्षा का अधिकार

एक संविधान संशोधन प्रस्ताव संसद के आगामी शरदकालीन सत्र में प्रस्तुत किए जाने की सम्भावना है, जिसमें अनुच्छेद 21-ए जोड़कर केन्द्र सरकार के लिए 6 से 14 वर्ष आयु वर्ग के बच्चों को केन्द्र सरकार के लिए निःशुल्क एवं अनिवार्य शिक्षा देना वैधानिक दायित्व होगा।

सामाजिक कार्यकर्ता, बच्चों के अधिकारों की माँग करने वाले, वकील, शिक्षाविद् और प्रबुद्ध लोगों ने सरकार पर इस बिल पर पुनर्विचार करने का दबाव डाला है।

दिल्ली बाल अधिकार मंच की सुश्री अंजलि सिन्हा का कहना है–यह बिल एक नीति निर्देशक सिद्धान्त, बालक के परम्परागत अधिकार तथा इस पर सर्वोच्च न्यायलय के निर्णय के विरुद्ध है। इस नये अनुच्छेद द्वारा छः वर्ष की आयु के नीचे के बच्चों के साथ भेदभाव नहीं किया जाना चाहिए। अनुच्छेद 21-ए द्वारा निःशुल्क एवं अनिवार्य शिक्षा को 14 वर्ष तक के सब बच्चों को मौलिक-अधिकार बनाया जाना चाहिए।

श्री अशोक अग्रवाल, जो एक सामाजिक न्यायविद् हैं, ने कहा-हम 21-ए

अनुच्छेद को संविधान की तृतीय सूची में सम्मिलित करने के प्रस्ताव का विरोध नहीं कर रहे हैं, किन्तु उस धारा का विरोध कर रहे हैं जिसके द्वारा केवल एक आयु वर्ग के बच्चों के लिए लागू किया जा रहा है।

इस बात पर भी जोर दे रहे हैं कि अनुच्छेद 45 की विषयवस्तु को नहीं बदला जाए।

अंग्रेजी अनुवादः

Right of Education

In the next winter session of the parliament,a Constitution Amendment Bill is likely to be presented: in which Article 21-A is to bve iserted making it mandatory for the central govenment to provide free and compulsory education to the children in the age group fo 6 and 14.

Social workers. child right activists, lawyaers, educationist and intellectuasl are pressing the gobvernment to reciew this bill.

Mr. Anajali Sinha of Delhi Bal Adhikar Manch says-This bill contravenes a directive principle, the convetion of the rights of the child. and the suprem court ruling of this.This new Article should not ve discriminative towards children below six years of age. Article 21-A should make free and compulsory education the the fundamental right for all children up to 14 years. Mr. Ashok Agarwal a Social Jurist said. We are not opposing the introduction of Article 21-A in the third schedule of the consti

8. हिन्दी अवतरण :

गांधीजी 1892 से 1914 तक दक्षिणी अफ्रीका में थे। वहाँ रहते हुए उन्होंने यूरोपवासियों के द्वारा अफ्रीका के रहने वाले तथा भारतीय लोगों के साथ अमानवीय व्यवहार देखा। जब वह भारत लौटे तो उन्होंने अपने अनुभवों का तथ्यात्मक विवरण प्रकाशित किया। किन्तु इसके अत्युक्तिपूर्ण रूप को इंग्लैंड और दक्षिणी अफ्रीका में बहुत प्रसारित किया गया और इससे दक्षिणी अफ्रीका के गोरे लोग गाँधी पर नाराज हो गए। जब वे डरबन लौटे तो उनके विरुद्ध जन-भावना फैल गई। नेटाल सरकार ने उनके जहाज को बंदरगाह में घुसने से कुछ दिन रोक दिया और उनको उतरने से रोकने का प्रयास किया।

अंग्रेजी अनुवाद

Gandhiji was in South Africa from 1892 to 1914. During his stay three he saw the inhuman treatment to Africans and Indians. When he returned to India, he published a factual account of his experiences. But the exaggerated version of this was given wide publicity in England and South Africa and the white people in the latter country were inflamed against Gandhiji. When he came back to Durban popular feeling ran against him. The Government of Natal prevented the entry of his ship in to the port for a few days and tried to dissuade him from landing.

अंग्रेजी से हिन्दी अनुवाद

1. अंग्रेजी अवतरण

A poor woman once came to Mahatma Buddha to ask him whether he could give her medicine to restore her dead child to life. The holy man touched by the great sorrow of the woman, told her that there was only one medicine which could revive her son. He bade her bring him a handful of mustard seeds from a house where death has never entered. The sorrowing mother went from door to door seeking the mustard seed, but at every door she met with sad replies. One said, "I have lost my husband." Another said, 'Our youngest child died last year.' She returned with a heavy heart to the teacher and told him the result of her quest. Then Buddha told her tenderly that she must not think much of her grief, since sorrow and death are common to all.

हिन्दी अनुवाद

एक निर्धन महिला एक बार महात्मा बुद्ध के पास आई और उसने उनसे कहा कि क्या वे उसके मरे हुए बच्चे को पुनर्जीवित करने की दवा दे सकते हैं। महात्मा स्त्री के महान दुःख से दुःखी हुए, वह उससे बोले कि केवल एक दवा है जिससे तुम्हारा बेटा पुनर्जीवित हो सकता है। उन्होंने उसको आदेश दिया कि तुम उस घर से एक मुट्ठी सरसों के दाने (बीज) लाओ जिसमें मृत्यु का कभी प्रवेश नहीं हुआ हो। शोकमग्न माँ द्वार-द्वार पर गई और सरसों के दाने माँगे, परंतु हर द्वार पर उसको शोकपूर्ण उत्तर मिले। एक ने कहा, "मेरा पति मर गया।" दूसरे ने कहा—"गत वर्ष हमारा सबसे छोटा बच्चा मर गया।" वह भारी दुःख के साथ महात्मा के पास लौट आई और

अपनी खोज का परिणाम बताया। तब बुद्ध ने करुणापूर्ण शब्दों में कहा कि उसको अपने दुःख के विषय में अधिक नहीं सोचना चाहिए, क्योंकि शोक और मृत्यु सबके साथ जुड़े हैं।

2. अंग्रेजी अवतरण

Once a poor man was put in jail although he had done no wrong. After a long time the Rajah of the State visited the jail and the man told him that he was an innocent man against whom a case had been made up by his enemies. The King found out that this was true and gave the man a sum of money and set him free. The man went straight to the market in which there was a shop where Bulbuls and other wild birds were kept in cages for sale. He said to the shopkeeper, 'I wish to buy all the caged wild birds that you have.' To this the shopkeeper replied. 'Why? Are you going to start a Zoological Garden?' But the man answered. 'No, the birds have been unjustly prisoned, I am going to set them free.' And he did so.

हिन्दी अनुवाद

एक निर्धन व्यक्ति को कारागार (जेल) में डाल दिया गया, यद्यपि उसने कोई अपराध नहीं किया था। बहुत समय के बाद उस राज्य का राजा कारागार में आया और उस आदमी ने उसको बताया कि वह निरपराध है और उसके विरुद्ध उसके शत्रुओं ने मामला दर्ज किया है। राजा को जब पता चला कि यह सच है तो उसने उस आदमी को कुछ रुपये दिए और उसे मुक्त कर दिया। वह आदमी सीधा उस बाज़ार में गया जहाँ एक दुकान में बुलबुल और अन्य पक्षी पिंजरों में बेचने के लिए बंद थे। उसने दुकानदार से कहा, "मेरी इच्छा तुम्हारे पास पिंजरों में बंद इन सब पक्षियों को खरीदने की है।" इस पर दुकानदार बोला–"क्यों ? क्या तुम कोई चिड़ियाघर खोलने वाले हो ?" उस आदमी ने कहा–"नहीं, इन पक्षियों को अन्यायपूर्ण बंद किया गया है, मैं उनको मुक्त करूँगा।" और उसने ऐसा ही किया।

3. अंग्रेजी अवतरण

It is true to say that service to man is service to God. Rabindranath Tagore in his poem 'Leave this chanting', says that God is to be found with the poor toiling people. He suggests that service of the masses is the service of God. All the saints and religious teachers have stressed the importance of serving humanity. If be lend a helping hand to a person in need, if be being comfort to a troubled mind, if we wipe out tears from a poor man's eyes we certainly serve God through our selfless acts. It is said that God loves those who love their fellow beings. So the best way to serve God is to serve humanity.

हिन्दी अनुवाद

यह कहना सच है कि मनुष्य की सेवा ही भगवान की सेवा है। रवीन्द्रनाथ टैगोर अपनी कविता 'इस भजन को छोड़ो' में कहते हैं कि भगवान कठोर परिश्रम करने वाले लोगों में मिल सकते हैं। वह सलाह देते हैं कि जनता की सेवा ही भगवान की सेवा है। सभी साधु-महात्माओं तथा धार्मिक गुरुओं ने मानवता की सेवा पर जोर दिया। यदि (हमने) एक जरूरतमंद आदमी की हाथ बढ़ाकर मदद की है, यदि हमने किसी अशांत (दुःखी) मस्तिष्क को शांति दी है, यदि हमने किसी गरीब की आँखों से आँसू पोंछे हैं तो हमने निश्चय ही निःस्वार्थ कार्यों से भगवान की सेवा की है। यह कहा जाता है कि भगवान उनको प्यार करता है जो अपने साथियों से प्रेम करते हैं। इसलिए भगवान की सेवा का श्रेष्ठ मार्ग है मानवता की सेवा करना।

4. अंग्रेजी अवतरण

A small family is indeed a happy family. It is mainly because in these days of high prices, it is very difficult to support a large family. Each member of the family requires food, clothing, education and accommodation. This means more expense. The income of a person being limited, the larger the family, the poorer the standard of living. Suppose a couple's income is Rs. 1,000 per month. Their standard of living will be better if they had two children than if they had three or more children. A small family thus, is an economic necessity. Only a small family can be a happy family as its member's do not have to face economic problems. It can have a decent standard of living.

हिन्दी अनुवाद

एक छोटा परिवार वास्तव में सुखी परिवार है। इसका प्रमुख कारण है महँगाई, जिसके कारण बड़े परिवार का गुजारा बहुत कठिनाई से होता है। परिवार के प्रत्येक सदस्य को भोजन, कपड़ा, शिक्षा और आश्रय की आवश्यकता होती है। इसका अर्थ है ज़्यादा खर्च। एक आदमी की आय सीमित होती है, अतः बड़ा परिवार होने पर जीवन-स्तर निम्न (छोटा) होगा। मान लीजिए एक दंपति की आय एक हजार रुपये

मासिक है। यदि उनके दो बच्चे हैं तो उनका जीवन-स्तर अच्छा होगा, बजाय तीन या अधिक बच्चे होने पर। इसलिए छोटा परिवार आर्थिक आवश्यकता है। केवल छोटा परिवार ही सुखी परिवार हो सकता है, क्योंकि उसके सदस्यों को आर्थिक समस्याओं का सामना नहीं करना पड़ता। इसका जीवन-स्तर उत्तम हो सकता है।

5. अंग्रेजी अवतरण

One day an English gentleman named Rowland Hill was walking past a house when he saw a postman take a letter up to the gate. A young girl came out to receive. She turned it over in her hand. The price of the postage was one shilling. But she had no money to pay for the letter. The postman put it back in his bag and turned away from the house. Rowland Hill, who was a kind-hearted man, paid the shilling and the postman handed the letter to the girl. It was her dear brother's letter. This made Hill think how letters could be sent at less cost so that the poor and the rich alike could hear more often from their friends and relatives. He thought and at last made a plan, and with the help of Government, soon started cheap postage. We should thank Rowland Hill for doing us a great service.

हिन्दी अनुवाद

एक दिन जब एक अंग्रेज भद्र पुरुष जिसका नाम रोलैण्ड हिल था, एक घर के सामने से जा रहा था तो उसने एक डाकिए को दरवाजे तक पत्र ले जाते हुए देखा। एक छोटी या जवान लड़की इसको लेने के लिए बाहर आई। उसने उसको (पत्र को) हाथ में पलटा। डाक व्यय की रकम एक शिलिंग थी। परंतु उसके पास पत्र के लिए देने के लिए पैसे नहीं थे। डाकिए ने पत्र को पुनः अपने थैले में रखा और उस घर से मुड़ चला। रोलैण्ड हिल, जो एक दयालु व्यक्ति था, ने शिलिंग दे दी और डाकिए ने पत्र लड़की को दिया। यह उसके प्रिय भाई का पत्र था। इस घटना ने हिल को यह सोचने को बाध्य किया कि पत्र कैसे सस्ते दामों पर भेजे जा सकते हैं जिससे निर्धन एवं धनी समान रूप से अपने मित्रों एवं सम्बन्धियों से अक्सर संवाद स्थापित कर सकें। उसने सोचा और अंत में एक योजना बनाई, सरकार की सहायता से, शीघ्र सस्ती डाक सेवा शुरू हो गई। हमारे लिए रोलैण्ड हिल द्वारा की गई इस सेवा के लिए हमें उसका आभार व्यक्त करना चाहिए।

6. अंग्रेजी अवतरण

A man in the East, where they do not require as much clothing as in

अनु

colder climates, gave up all worldly concerns and retired to a wood, where he built a hut and lived in it. His only clothing was a piece of cloth which he wore round his waist. But, as ill luck would have it, rats were plentiful in the wood; so he had to keep a cat. The cat required milk to feed it, so a cow had to be kept. The cow required tending, so a cow-boy was employed. The boy required a house to live in, so a house was built for him. To look after the house a maid had to be engaged. To provide company for the maid, a few more houses had to be built and people invited to live in them. In this manner a little township sprang up.

हिन्दी अनुवाद

पूर्व में रहने वाला एक व्यक्ति सांसारिक चिंताओं का त्याग करके संन्यासी बनकर एक जंगल में चला गया, जहाँ (पूर्व में) उन्हें (पूर्व में रहने वाले लोगों) उतने अधिक कपड़े नहीं चाहिए जितने ठंडी जलवायु में चाहिए। वहाँ उसने एक कुटिया बनाई और उसमें रहने लगा। उसके पास एकमात्र जो कपड़ा था उसको वह अपनी कमर में बाँधता (पहनता) था। किन्तु, दुर्भाग्य से, उस वन में बहुत चूहे थे, इसलिए उसको एक बिल्ली पालनी पड़ी। बिल्ली के भोजन के लिए दूध की आवश्यकता थी, इसलिए एक गाय भी पालनी पड़ी। गाय की देखभाल के लिए एक ग्वाला (बच्चा) रखा गया। ग्वाले (बच्चे) के रहने के लिए घर की आवश्यकता हुई, इसलिए उसके लिए घर बनाया गया। घर की व्यवस्था के लिए नौकरानी रखनी पड़ी। उस नौकरानी की संगत के लिए, कुछ और घर बनाए गए और लोगों को उनमें रहने के लिए बुलाया गया। इस प्रकार वहाँ एक बस्ती ही बस गई।

7. अंग्रेजी अवतरण

Besides honey, colour and scent of flowers attract many ants and insects. That insects like light can be easily inferred as soon as we light a fire. Attracted by light, hosts of insects rush into the flame and get burnt. Insects are attracted also by the beauty of flowers. Flowers that bloom in the morning have many colours in their petals. Those that bloom in the evening are generally white. At night, no other colours excepts white is easily discernible. Those insects that move about at night are attracted by the white colour. The scent of flowers travels far in the evening and at night. The Rajanigandha blooms only in the evening; its colour is white and it has a sweet scent. Many insects gather honey from it. One day, an ant said to a bee, 'Your food is the sweetest in the world but I am delighted even to get whatever you throw away as not being sweet.' The bee said, 'I gather honey for others, whereas you gather food for yourself alone.'

हिन्दी अनुवाद

शहद के अतिरिक्त, फूलों के रंग और सुगंध बहुत-सी चींटियों और कीड़ों को आकर्षित करते हैं। वे कीड़े, जो प्रकाश को पसंद करते हैं, हमारे द्वारा प्रकाश करते ही (आग जलाते ही) अनुमान (महसूस) कर लेते हैं। वे प्रकाश से आकर्षित होते हैं, सैकड़ों कीड़े ज्वाला या लौ पर टूट पड़ते हैं और जल जाते हैं। कीड़े फूलों की सुंदरता के प्रति भी आकर्षित होते हैं। जो फूल सुबह खिलते हैं उनकी पंखुड़ियाँ रंग-बिरंगी होती हैं। जो (फूल) संध्या समय खिलते हैं प्रायः सफेद होते हैं। रात में, सफेद रंग को छोड़कर अन्य रंग आसानी से नहीं पहचाने जाते हैं। जो कीड़े रात में घूमते हैं वे सफेद रंग के प्रति आकर्षित होते हैं। फूलों की सुगंध संध्या और रात्रि में दूर तक फैल जाती है। रजनीगंधा केवल संध्या में खिलती है, इसका रंग सफेद और इसकी सुगंध मधुर होती है। बहुत से कीड़े उससे शहद एकत्र करते हैं। एक दिन, एक चींटी ने मधुमक्खी से कहा, "तुम्हारा भोजन संसार में सबसे मीठा है परंतु मैं तो केवल तुम जो भी मीठा नहीं है, उसको फेंकती हो उसी को पाकर आनंदित होती हूँ।" मधुमक्खी ने कहा–"मैं शहद दूसरों के लिए इकट्ठा करती हूँ। जबकि तुम केवल अपने लिए भोजन-संग्रह करती हो।"

8. अंग्रेजी अवतरण

An old woman lived in the foothills. Napoleon went to that woman to find out if there was any way to cross the mountain or some pass through which he could take his army across. He told her the purpose of visit. The woman laughed as she heard the reason and told him, 'Many fools have lost their lives in attempts to cross this mountain. It would be better for you to go back to the place from which you have come.' Napoleon was not at all disappointed by what the old woman told him. For him, the word 'impossible' did not exist. He told the old woman, 'Your talks have encouraged me. Now I shall plan my next move with more caution and would not rest till I have conquered this mountains.' The old woman was wonderstruck at the supreme self-confidence of Napoleon. She congratulated him and said, 'Nothing is impossible in this world for courageous people like you. You will succeed in your mission. My blessing are with you.'

हिन्दी अनुवाद

एक बुढ़िया पर्वत की तलहटी में रहती थी। नेपोलियन उस पर्वत को पार करने का मार्ग या दर्रे के बारे में पूछने के लिए उस औरत के पास गया जिससे वह अपनी सेना को उस पार ले जा सके। उसने उसको अपने आने का उद्देश्य बताया। जैसे ही बुढ़िया ने उसके आने का कारण जाना, वह हँस पड़ी और उसको कहा–"इस पर्वत को पार करने के प्रयासों में कई भूर्खों ने अपनी जान दे दी। तुम्हारे लिए अच्छा यह होगा कि तुम जहाँ से आए हो, लौट जाओ।" बुढ़िया ने जो कहा उससे नेपोलियन निराश नहीं हुआ। उसके लिए 'असंभव' शब्द का कोई अस्तित्त्व नहीं था। उसने बुढ़िया से कहा–"तुम्हारी बातों ने मुझे प्रोत्साहित किया है। अब मैं अपने अगले क़दम की योजना बहुत सावधानी से बनाऊँगा और तब तक विश्राम नहीं करूँगा जब तक इस पर्वत को न जीत लूँगा।" वह बुढ़िया नेपोलियन के इस श्रेष्ठ आत्मविश्वास से आश्चर्यचकित हो गई। उसने उसको बधाई दी और कहा–"तुम्हारे जैसे साहसी व्यक्ति के लिए इस संसार में कुछ भी असंभव नहीं है। तुम्हें अपने कार्य (मिशन) में अवश्य सफलता प्राप्त होगी। मेरा आशीर्वाद तुम्हारे साथ है।"

9. अंग्रेजी अवतरण

India's trade, internal and external, was not large, principally because of the inadequacy of communication and transportation. Internal trade was restricted to comparatively light and valuable products. There was little trade in bulky and cheap goods, largely on account of the high cost of transporation of these goods. Trade was also less because of the restrictions on the types of goods traded, as also on the distance covered. As far as the external trade is concerned, this too was not much because of the weak internal communication system and shortage of transport facilities. Even then Indian goods found market in far-flung places in the world. Most of the goods exported were industrial in character. These were cotton and silk fabrics, shawls and carpets, sugar, etc. Imports were of small variety and consisted of such items as gold, precious stones, tea and coffee, etc. In its external trade India enjoyed surpluses and received gold and silver in ample quantities as payment for the same.

हिन्दी अनुवाद

भारत का आंतरिक एवं विदेश व्यापार विशाल नहीं था। इसका मुख्य कारण संचार एवं यातायात के अपर्याप्त साधन थे। आंतरिक व्यापार अपेक्षाकृत हल्की एवं

मूल्यवान वस्तुओं तक सीमित था। भारी और सस्ती चीज़ों का बहुत कम व्यापार होता था, क्योंकि इनके यातायात पर भारी खर्च था। कुछ वस्तुओं का व्यापार प्रतिबंधित था तो कुछ दूरी के कारण भी बेची नहीं जाती थीं। जहाँ तक विदेश व्यापार का सम्बन्ध है यह भी अधिक नहीं था, क्योंकि आंतरिक संचार साधन दुर्बल थे और यातायात साधनों की कमी थी। फिर भी भारतीय माल को संसार के दूरस्थ स्थानों में बाज़ार मिला। निर्यात किया जाने वाला प्रमुख रूप से औद्योगिक उत्पादन था। इसमें थे सूती तथा रेशमी वस्त्र, शालें, गलीचे, शक्कर आदि। सोना, मूल्यवान पत्थर, चाय और कॉफी आदि कुछ ही चीज़ें आयात की जाती थीं। विदेश व्यापार में भारत समृद्ध था और इससे (निर्यात) उसको पर्याप्त सोना और चाँदी भुगतान के रूप में मिलता था।

10. अंग्रेजी अवतरण

Most of the people, around 90 percent, lived in villages. Their ways of living characterised the Indian economy. The Indian economy was almost entirely a rural economy. The villages, however, were mostly self-sufficient units, isolated from outside. Only a few goods like salt and some luxury goods such as ornaments were brought from outside. Further all the artisans lived in villages and supplied non-food requirements of the population. The lack of adequate communications too kept the villages immune from outside contacts. A very important feature of the rural life was the fact that the majority of artisans was servants of the village. The artisans possessed lands which were given to them by the village, free or at reduced rent. The artisans performed various services for which they were given a share of the produce of land cultivated by other villagers. This non-dependence on outside gave the village strength to survive and resist any external attack. Another predominant aspect of the village life was the extremely simple division of labour. Each one did all the jobs connected with the production of a commodity.

हिन्दी अनुवाद

अधिकतर लोग लगभग 90 प्रतिशत गाँवों में रहते हैं, उनके जीवन-यापन का तरीका भारत की आर्थिक दशा की विशेषताओं को प्रकट करता है। भारतीय अर्थव्यवस्था लगभग पूर्ण रूप से ग्रामीण थी। अधिकतर गाँव आत्म-निर्भर इकाई थे और बाहर से कटे हुए थे। गाँव के लोगों की भौतिक आवश्यकताएँ स्थानीय स्तर पर ही पूरी हो जाती थीं। केवल नमक अथवा कुछ विलास की वस्तुएँ, जैसे आभूषण बाहर से लाए

जाते थे। इसके अतिरिक्त सभी प्रकार के शिल्पकार गाँवों में रहते थे और लोगों की भोजन के अतिरिक्त सभी आवश्यकताओं की पूर्ति करते थे। पर्याप्त संचार साधनों के अभाव के कारण भी गाँव वाह्य संपर्क से अप्रभावित रहे। ग्रामीण जीवन की एक बहुत महत्त्वपूर्ण विशेषता यह थी कि अधिकांश शिल्पी गाँव के सेवक थे। इन शिल्पियों के पास गाँववालों के द्वारा निःशुल्क या बहुत सस्ते किराए पर दी गई ज़मीन होती थी। ये शिल्पी गाँववालों की कई प्रकार की सेवा करते थे जिसके लिए दूसरे ग्रामीण अपने द्वारा बागई ज़मीन के उत्पादन का एक भाग देते थे। बाहरी लोगों पर अनिर्भरता ने गाँवों को जीने की ताकत दी और बाहरी आक्रमण का सामना करने के योग्य बनाया। गाँव के जीवन का दूसरा महत्त्वपूर्ण पहलू है श्रम का सरल विभाजन। प्रत्येक व्यक्ति किसी वस्तु के उत्पादन से सम्बन्धित कार्य अवश्य करता था।

बहु प्रयुक्त हिन्दी पदनाम

कार्यालय के नाम

Account General's Office	महालेखाकार कार्यालय
Advisory Committee	सलाहकार समिति
All India Radio	आकाशवाणी
Assembly	विधानसभा
Central board of Excise and Customs	केंद्रीय उत्पादक शुल्क तथा सीमा शुल्क मंडल
Central Telegraphy Office	केंद्रीय तारघर
Central Board of Revenue	केंद्रीय राजस्व बोर्ड
Divisional Head quarters	मंडल मुख्यालय
Election Committee	चुनाव समिति
High Court	उच्च न्यायालय
Hindi Section	हिन्दी अनुभाग
Hindi Directorate	हिन्दी निदेशालय
Information Department	सूचना विभाग
Income tax department	आयकर विभाग
Law Commission	विधि आयोग
Life Insurance Corporation	जीवन बीमा निगम
Local Government	स्थानीय सरकार
Ministry of Education	शिक्षा मंत्रालय
Ministry of Law and Justice	विधि और न्याय मंत्रालय
Ministry of Labour	श्रम मंत्रालय
Ministry of Commerce	वाणिज्य मंत्रालय
Ministry of Surface Transport	भूतल परिवहन मंत्रालय

Ministry of Water Resources	जल संसाधन मंत्रालय
Ministry of Food and Agriculture	खाद्य और कृषि मंत्रालय
Ministry of Information Technology and Communication	सूचना प्रौद्योगिकी और संचार मंत्रालय
Ministry of Finance	वित्त मंत्रालय
Ministry of Human Resource Development	मानव संसाधन विकास मंत्रालय
Ministry of Youth Welfare	युवा कल्याण मंत्रालय
Ministry of Parliamentary Affairs	संसदीय कार्य मंत्रालय
Ministry of Railways	रेल मंत्रालय
Ministry of Defence	रक्षा मंत्रालय
Ministry of Social Justice and Empowerment	सामाजिक न्याय और अधिकारिता मंत्रालय
Ministry of Industry	उद्योग मंत्रालय
Ministry of Energy	ऊर्जा मंत्रालय
Ministry of Steel and Mines	इस्पात और खान मंत्रालय
Ministry of Information and Broadcasting	सूचना और प्रसारण मंत्रालय
Ministry of Health and Family Welfare	स्वास्थ्य और परिवार कल्याण मंत्रालय
Ministry of External affairs	विदेश मंत्रालय
National museum	राष्ट्रीय संग्रहालय
Official Language Commission	राजभाषा आयोग
Oil and Natural Gas Commission	तेल तथा प्राकृतिक गैस कमीशन
Planning Commission	योजना आयोग
Small Scale Industry	लघु उद्योग
Staff Selection Commission	कर्मचारी चयन आयोग
Supreme Court	उच्चतम न्यायालय
University Grants Commission	विश्वविद्यालय अनुदान आयोग
Zonal Office	आंचलिक कार्यालय

पदों के नाम

Accountant General	महालेखाकार
Accounts Officer	लेखा अधिकारी

Additional Secretary	अपर सचिव
Administrator	प्रशासक
Adult Education Officer	प्रौढ़ शिक्षा अधिकारी
Advocate	अधिवक्ता
Agriculture Officer	कृषि अधिकारी
Ambassador	राजदूत
Attorney General	महान्यायवादी
Auditor	लेखा परीक्षक
Block Development Officer	खंड विकास अधिकारी
Chairman	अध्यक्ष
Chancellor	कुलाधिपति
Chief of Army Staff	थल सेनाध्यक्ष
Chief Whip	मुख्य सचेतक
Controller and Auditor General	नियंत्रक और महालेखा परीक्षक
Custom Officer	सीमा शुल्क अधिकारी
Deputy Commissioner	उपायुक्त
Deputy Director	उपनिदेशक
Director	निदेशक
Director General	महानिदेशक
Editor	सम्पादक
Election Commissioner	निर्वाचन आयुक्त
Employment Officer	रोजगार अधिकारी
Enforcement Officer	प्रवर्त्तन अधिकारी
Enumerator	गणनाकार
Excise Commissioner	उत्पाद शुल्क आयुक्त
Executive Engineer	कार्यकारी/अधिशासी इंजीनियर
Foreign Secretary	विदेश सचिव
Gazetted Officer	राजपत्रित अधिकारी
General Manager	महा/प्रधान प्रबंधक
High Commissioner	उच्चायुक्त
Income Tax Officer	आयकर अधिकारी
Inspector General	महा निरीक्षक
Interpreter	दुभाषिया/आशु अनुवादक
Invigilator	अन्वेषक

Lawyer	वकील
Lecturer	व्याख्याता/प्रवक्ता
Liaison Officer	सम्पर्क अधिकारी
Lower Division Clerk	निम्न/अवर श्रेणी लिपिक
Mayor	महापौर
Medical Officer	चिकित्सा अधिकारी
Member of Parliament	संसद सदस्य/संसद
Non-Gazetted Officer	अराजपत्रित अधिकारी
Personal Assistant	वैयक्तिक/निजी सहायक
Personal Officer	कार्मिक अधिकारी
Physician	कार्य चिकित्सक
Police Station Officer	थानेदार
Project Officer	परियोजना अधिकारी
Publicity Officer	प्रचार अधिकारी
Secretary	सचिव
Security Officer	सुरक्षा अधिकारी
Session Judge	सत्र न्यायाधीश
Stenographer	आशुलिपिक
Translator	अनुवादक
Upper Division Clerk	प्रवर श्रेणी लिपिक
Vice-chancellor	कुलपति
Governor	राज्यपाल
Minister	मंत्री
Member of Legislative Assembly	विधान सभा सदस्य
Accountant	लेखापाल
Advisor	सलाहकार
Administrative Officer	प्रशासनिक अधिकारी
Assistant	सहायक
Assistant in charge	कार्यभारी सहायक
Authority	अधिकारी
Cabinet Minister	मंत्रिमंडल मंत्री
Chief Minister	मुख्यमंत्री
Chief Secretary	मुख्य सचिव
Chief Justice	मुख्य न्यायमूर्ति

Clerk	लिपिक
Correspondent	संवाददाता
Controller	नियंत्रक
Collector	समाहर्ता
Contractor	ठेकेदार
Currency Officer	मुद्रा अधिकारी
Deputy Minister	उपमंत्री
Deputy Secretary	उप सचिव
District Officer	जिला अधिकारी
Education Minister	शिक्षा मंत्री
Executive authority	कार्यपालक अधिकारी
General Manager	महाप्रबंधक
Hindi Officer	हिन्दी अधिकारी
Inspector	निरीक्षक
Justice	न्यायमूर्ति
Lower Division Clerk	अवर श्रेणी लिपिक
Marketing Officer	विपणन अधिकारी
Peon	चपरासी
President	राष्ट्रपति
Prime Minister	प्रधानमंत्री
Public Relations Officer	लोक सम्बद्ध अधिकारी
Section Officer	अनुभाग अधिकारी
Superintendent	अधीक्षक
Supervisor	पर्यवेक्षक
Traffic Manager	यातायात प्रबंधक
Typist	टंकक
Under Secretary	अवर सचिव

कार्यालयीन टिप्पण और वाक्यांश

Above mentioned/above noted	उपर्युक्त/ऊपर लिखित
Abstract statement	संक्षिप्त विवरण
Acceptance	स्वीकृति
According to	के अनुसार
Action is being done	कार्रवाई की जा रही है

Adjourned sine die	अनिश्चितकाल के लिए स्थगित
Administrative approval	प्रशासकीय अनुमोदन
Adverse remarks	प्रतिकूल अभ्युक्तियाँ
Allotment of funds	निधि आबंटन
Appear for interview	साक्षात्कार के लिए उपस्थित हो।
Applied for copy	आवेदित प्रतिलिपि
Approved as proposed	यथा प्रस्ताव अनुमोदित
Arrears Statement	बकाया विवरण
As directed	निदेशानुसार
As modified	यथा संशोधित
As ordered	आदेशानुसार
As recommended	संस्तुति के अनुसार
As early as possible	यथा शीघ्र
As usual	सदा की भाँति
As the case may be	जैसी स्थिति हो
Attention is invited	ध्यान आकर्षित किया जाता है
Await furtter comments	और टीका की प्रतीक्षा कीजिए
Beg to State	निवेदन है
By virtue of	के नाते
Case is closed now	मामले की कार्रवाई समाप्त हो चुकी है।
Case is to be reviewed	प्रकरण का पुनरीक्षण होना है।
Checked and found correct	जाँच की और सही पाया गया
Ciruculate and then file	परिचालित करके फाइल कर दीजिए
Come into force	लागू होना
Confidential record	गोपनीय अभिलेख
Contempt of court	न्यायालय अवमानना
Day to day administrative work	दैनिक प्रशासनिक कार्य
Delay is regretted	विलंब के लिए खेद है
Discrepancy in accounts	लेखा विसंगति
Discuss	चर्चा करें
Dismissed	पदच्युत
Draft for approval	अनुमोदनार्थ प्रारूप
Duly Sanctioned	विधिवत् मंजूर किया हुआ
During this period	इस अवधि में

Early orders solicited	शीघ्र आदेश दें
Ex-officio	पदेन
Ex parte statement	एकपक्षीय बयान
Extra Curricular Activities	पाठ्येतर गतिविधि
Fair Copy	स्वच्छ प्रतिलिपि
Financial Irregularities	वित्तीय अनियमितताएँ
For approval	अनुमोदनार्थ
For signature •	हस्ताक्षरार्थ
For suggestions	सुझावार्थ
Forwarded and Recommended	अग्रेषित एवं संस्तुत
For information	सूचनार्थ
Fresh receipt	नई प्राप्ति
Hard and fast rules	पक्के नियम
Held/Keep in abeyance	आस्थगित रखी गई
I am directed to	मुझे निदेश हुआ है
In case of doubt	संशय की दशा में
Incumbent of an office	पदधारी
In favour of	के पक्ष में
In connection with	के परामर्श से
Inviting your attention to	की ओर आपका ध्यान आकृष्ट करते हुए
In reference to	के संदर्भ में
In the course of time	कालात्/उचित समय पर
In original	मूल रूप में
Issue as modified	यथा संशोधित जारी कीजिए
Keep pending	लंबित किया जाए
Matter is under consideration	विषय विचाराधीन है
May be permitted	अनुमति दे दी जाए
Null and void	आकृत और शून्य
Office submits	कार्यालय का निवेदन है
Office regrets	कार्यालय को खेद है
Office suggests	कार्यालय का सुझाव है
Rejected	अस्वीकृत
Removed from office	पदच्युत
Sanctioned	संस्वीकृत कीजिए

So for as practicable	यथा साध्य
Speak	इस सम्बन्ध में बात करें
Seen-file	देख लिया, फाइल कीजिए
Submitted for approval	अनुमोदनार्थ प्रस्तुत
Submitted for information	सूचनार्थ प्रस्तुत
With reference to your letter	आपके पत्र के संदर्भ में

प्रशासनिक, बैंकिंग, तकनीकी, विधि सम्बन्धी शब्द

Abandon	त्यागना/छोड़ना
Abatement	कमी/कटौती/उपशमन
Abeyance	प्रास्थगित/अस्थगन
Abregate	अधिकार छोड़ना
Ab-initio	प्रारंभ में
Abnormal increase	असामान्य वृद्धि
Abridge	कम करना/संक्षेपण
Absolute monopoly	पूर्ण एकाधिकार
Absolute value	निरपेक्ष मूल्य
Absorb	खपाना/अवशोषण करना
Absorption	खपत/अवशोषण
Abstract Cost	लागत सार
Abundant	प्रचुर
Accede	स्वीकार/मान लेना
Accelerate	गति बढ़ाना/तेज करना
Accleration of prices	मूल्य वृद्धि
Acceptable	ग्राह्य/स्वीकार्य
Access	प्रवेश/पहुँच
Accessary	सहायक/अनुषंगी
Accommdation	आवास
Accord	देना/प्रदान करना
Accordance	अनुरूप/अनुसार/संगत
Accordingly	तदनुसार
Account	लेखा/खाता/हिसाब
Accusation	दोषारोपण
Accident	दुर्घटना/संयोग

Accountability	लेखा/देयता/हिसाब-किताब की जिम्मेदारी/ जवाबदारी
Account for	हिसाब में लेना/कारण बतलाना/लेखा-जोखा देना
Account blocked	अवरुद्ध खाता
Account, to call to	हिसाब माँगना
Account, to clear an	हिसाब करना
Account, to write off	बट्टेखाते लिखना
Suspense Account	उचंत लेखा/असमंजस खाता
Accretion	जमा रकमें, अभिवृद्धि
Adhoc	तदर्थ
Accruals	मिलनेवाली रकम/प्रोद्भवन
Accrued interest	अर्जित ब्याज/प्रोद्भूत ब्याज
Accure from	से होना/से आना/से मिलना
Accumulation	संचय
Accumulated Surpluses	संचित अधिशेष
Accurate	यथार्थ/ठीक-ठीक/सही
Acquisition	अधिग्रहण/अर्जन
Acquittance role	वेतन चिट्ठा/भुगतान पंजी
Acquitted	दोषमुक्त
Acting	कार्यवाहक/कार्यकारी
Action committee	कार्य समिति
Active participation	सक्रिय भागीदार
Act of misconduct	कदाचार/अवचार
Accute Shortage	अत्यधिक/भारी कमी
Additions & alterations	परिवर्धन तथा परिवर्तन
Adjournment motion	काम रोको/स्थगन प्रस्ताव
Administration	प्रशासन
Administrative Overheads	प्रशासनिक ऊपरी खर्च
Admissible	स्वीकार्य
Adaptation	रूपांतर/रूपांतरण/अनुकूलन
Additional	अपर
Addressee	पाने वाला
Adhere	पालन/अनुसरण करना

Adjustment	समायोजन
Admonition	भर्त्सना/फटकारना
Adult franchise	वयस्क मताधिकार
Advalorem	यथामूल्य/मूल्यानुसार
Advance	अग्रिम/पेशगी
Adverse	प्रतिकूल
Advertisement	विज्ञापन
Advice	परामर्श/सलाह
Advisory Council	सलाहकार परिषद्
Affidavit	शपथपत्र/हलफनामा
Affirmation	पुष्टि/अभिपुष्टि
Affairs	कार्य/व्यापार/मामले
Affliated	संबद्ध
Against public interest	लोकहित के प्रतिकूल
Agenda	कार्य-सूची
Aggregate	कुल/समस्त/पूर्ण योग
Aggregate outlay	कुल परिव्यय
Agitation	आन्दोलन
Agrarian policy	भूमि संबंधी नीति
Agreement	करार/संविदा/अनुबन्ध
Aid	सहायता/मदद
Alarm	खतरे की घंटी
Allegation	आरोप/अभिकथन
Allegiance	निष्ठा
Alliance	मैत्री/संधि
Alienable Land	हस्तान्तरण योग्य भूमि
Allied products	सम्बद्ध उत्पाद
Allocation	बँटवारा/विभाजन/आबंटन
Allot	बाँटना/आबंटित करना
Allowance	भत्ता
Alphabetical in during	वर्णानुसार सूची बनाना
Alternative	विकल्प/वैकल्पिक
Ambiguos	संदिग्ध
Amendment	संशोधन
Amnesty	सर्व क्षमा/आम माफी

Amount	राशि/रकम/परिणाम
An cillary	आनुषंगिक
Annexure	अनुलग्नक
Annuity	वार्षिकी
Anomaly	विसंगति
Antecedents	पूर्ववृत्त
Anticipated expenditure	प्रत्याशित व्यय
Apex body	शीर्ष निकाय
Appendix	परिशिष्ट

B

Back charges	हिसाब करने के बाद दूसरे खाते पर आई हुई बाकी रकम
Backward area	पिछड़ा क्षेत्र
Backward Tribes	पिछड़ी जनजातियाँ/पिछड़ी आदिम जातियाँ
Backward classes	पिछड़े वर्ग
Bad books	अकृपा होना (किसी की)
Bad debt	अशोध्य ऋण
Bad conduct	दुराचरण
Balance, closing	इतिशेष
Balance, in hand	हस्त शेष/बाकी
Balance, opening	अथ/आदि शेष
Balance, overall	समग्र शेष
Balance of payment	भुगतान शेष, भुगतान संतुलन
Balance sheet	तुलन-पत्र
Balance weight	पासंग
Bail	जमानत
Bank, Apex	शीर्ष बैंक
Bank, Agricultural	कृषि बैंक
Bank, Balance	बैंक में जमा राशि
Bank exchange	एक्सचेंज बैंक, विनियम बैंक
Bank guarantee	बैंक गारंटी/बैंक आश्वासन/प्रत्याभूमि/जमानत
Bank, Joint Stock	संयुक्त पूँजी बैंक

Bank non-scheduled	अनुसूचित बैंक
Bank, Saving	बचत बैंक
Bank, World	विश्व बैंक
Bank account	बैंक खाता
Bank charges	बैंक खर्च/बैंक प्रभार
Bank's deposits A/c	बैंक जमा खाता
Bank rate	बैंक दर
Bank stock	बैंक स्टॉक
Banker	साहूकार/महाजन
Banking facilities	बैंक विषयक सुविधाएँ/बैंककारी सुविधाएँ
Bankruptey	दिवालापन/दिवालियापन/दिवाला
Banned list	प्रतिबंधित सूची
Bare Subsistance Level	जीवन निर्वाह-मात्र स्तर
Bar	सौदा
Bargain	सौदा/मोल-तोल
Bargain catching	लाभदायक सौदा
Barrier	अवरोध/रुकावट/नाका
Barten	वस्तु विनिमय
Basic	आधारी/बुनियादी
Basic, industry	मूल उद्योग
Basic cost	मूल लागत
Basic pay	मूल वेतन
Basic idea/Objective	मूल उद्‌देश्य
Basic novations	मूल नई पद्धतियाँ
Bench	न्यायपीठ
Benefit	हित/लाभ
Bias	पूर्वाग्रह
Bearer's Cheque	धनीजोग चेक
Bill	विधेयक/बिल/विपत्र/बीजक/हुंडी
Bill after date	मुद्दती हुंडी
Bill of credit	सरकारी नोट, (केवल अमेरिका में) साखपत्र
Bill counter	बिल पटल
Bill of lading	जहाजी लदान पत्र

Bill of demand	दर्शनी हुंडी
Bill realised	वसूली हुंडी
Biparlite	द्विपक्षीय/उभयपक्षी/द्विदलीय
Black list	काली सूची
Blanket Permit	मश्रित
Blocked deposits	अवरुद्ध जमा रकम
Blue prints	नक्शा/रूपरेखा
Board	बोर्ड/मंडल
Board of Directors	निदेशक मंडल
Bonded labour	बंधुआ मजदूर
Booth	कोष्ट/बूथ
Breach of contract	संविदा भंग
Breach of peace	शांति भंग
Breach of privilage	विशेषाधिकार भंग
Breach of trust	विश्वासघात
Breach in service	सेवा में व्यवधान
Breakage	टूट-फूट
Bribe	उत्कोच/घूस/रिश्वत
Budget	बजट आम व्ययक
Budget-deficit	घाटे का बजट
Budgetary transactions	बजटीय लेन-देन
Buffer Stock	बफर स्टॉक/मध्यवर्ती स्टॉक
Bulk	बड़ी मात्रा/थोक/अधिकांश
Bulk Purchase	थोक खरीद
Bulky Products	भारी वस्तुएँ
Bulke	तेजड़िया
Bullion	बुलियन/बहुमूल्य धातु
Bullion Market	धातु बाज़ार
Bumper	भरपूर/बढ़िया/बम्पर/जोरदार
Burden of taxation	कर भार
Bureau	ब्यूरो कार्यालय/केंद्र
Business associates	व्यापारी संघ
Bureaucracy	नौकरशाही

C

Cabinet	मंत्रिमंडल/अलमारी/पेटिका
Cadre	संवर्ग/काडर
Calculating Machine	गणना यंत्र/परिकलित यंत्र/परिकलित्र
Calender Month	कैलेंडर मास
Camera Meeting in	गुप्त बैठक/बंद कमरे में बैठक
Call loan	शीघ्रावधि कर्ज
Cancellation	रद्द करना/निरसन
Cantonment	छावनी
Cash	रोकड़/नक़द
Casting Vote	निर्णायक मत
Commission	कमीशन/दस्तूरी/आढ़त/आयोग
Commodity	वस्तु/पण्य
Common roster	सामान्य नामावली
Compansation	क्षतिपूर्ति/मुआवजा/प्रतिपूर्ति/प्रतिकर
Compansatory Allowance	प्रतिकर भत्ता/मुआवजा भत्ता/प्रतिपूरक भत्ता
Competence	क्षमता/कुशलता
Complimentary	मानार्थ
Compromise	समझौता
Computation	संगणना
Concern	प्रतिष्ठान/फर्म/संस्था/सरोकार/चिंता
Concurrence	सहमति
Concurrent	समवर्ती
Conduct of Business	कार्य-संचालन
Confirmation	पुष्टि/स्थायी करना
Confication	जब्ती/अधिहरण
Conformity	अनुरूपता
Conscience	अंतःकरण
Consecutive	क्रमिक/लगातार
Concensus	सर्वसम्मति/मतैक्य
Conscious efforts	सुविचारित प्रयास
Consecutive	क्रमिक/लगातार/अनुगामी
Consent	सहमति/राय/सम्मति

Consideration	प्रतिफल/विचार
Consignee	माल पाने वाला/प्रेषिती
Consigner	माल भेजने वाला/प्रेषक
Consolidated	समेकित/संचित
Consul	वाणिज्य दूत
Consumer	उपभोक्ता
Consumer Price Index	उपभोक्ता मूल्य सूचकांक
Consumption	खपत/उपभोग
Contemplated	उल्लिखित/संकल्पित/अपेक्षित
Content	विषय सूची/अंतर्वस्तु/अंश
Contest	प्रतिविरोध करना/प्रतियोगित।/विवाद
Context	संदर्भ/प्रकरण/प्रसंग
Contingency Fund	आकस्मिकता निधि
Contraband	निषिद्ध/वर्जित
Contractor	संविदाकार/ठेकेदार
Contributory Provident Fund	अंशदायी भविष्य निधि
Cooperative Bank	सहकारी बैंक
Co-opted member	सहयोजित सदस्य
Corporate	निगमित
Corporation	निगम
Corrigendum	शुद्धि-पत्र
Corroporation	संपुष्टि
Counter	पटल
Counter charge	प्रत्यारोप
Counter Signature	प्रतिहस्ताक्षर
Crash Programme	तत्काल प्रभावी कार्यक्रम/द्रुत कार्यक्रम
Credit facilities	उधार सुविधाएँ
Credit-wise detail	ऋणवार ब्यौरा
Criterion	कसौटी/मानदंड
Cumulative time deposit	संचयी सावधि जमा
Currency	प्रचलित मुद्रा
Current Deposit	चालू जमा
Capable	समर्थ
Capita, Per	प्रति व्यक्ति

Capacity	क्षमता
Capacity, Installed	अधिष्ठापित/संस्थापित क्षमता
Capital account	पूँजी खाता
Capital circulating	चालू पूँजी
Capital nominal	प्राधिकृत पूँजी
Capital Specific	विशिष्ट पूँजी
Capital Sunk	डूबी पूँजी
Capitation fell	प्रति व्यक्ति फीस/प्रति व्यक्ति शुल्क
Cardinal Principles	मूलभूत सिद्धांत
Career	जीवनवृत्ति/जीविका/जीवन
Carried forward	आनीतशेष/अग्रेनीत
Cash Account	रोकड़ लेखा/नक़दी लेखा
Cash balance	रोकड़ बाकी
Cash book	रोकड़ बही
Cash Crops	वाणिज्यिक फसलें/नक़दी फसलें
Cash Memo	नक़द भुगतान पर्ची
Categorical	निश्चित/स्पष्ट/सुस्पष्ट/सीधा
Caution money	प्रतिभू-धन/जमानत का रुपया/अवधान-द्रव्य
Ceiling (as of price)	उच्चतम/अधिकतम सीमा
Cerals	अनाज/धान्य
Chamber	मंडल/प्रकोष्ठ/कक्ष
Channel	माध्यम/सारणि
Charge relinquisment	कार्यभार त्याग
Charge report	चार्ज रिपोर्ट/कार्य-ग्रहण रिपोर्ट/कार्यभार प्रतिवदेन
Charge Sheet	आरोप-पत्र/चार्जशीट
Chargeable	प्रभार्य
Cirulation	परिचालन
Circular letter	परिपत्र/गश्ती चिट्ठी
Circumstantial	परिस्थितिजन्य/आकस्मिक/संयोगवश
City Compensatory allowance	नगर प्रतिकर भत्ता
Clearification	स्पष्टीकरण
Classification	वर्गीकरण

Clauses	खंड
Clearance	अनुमति/छुड़ाना/समाशोधन/(बैंकिंग) निकासी
Clearance Certificate	बेबाकी प्रमाण-पत्र
Clearing house	निकासी गृह
Clerical errotic	लिखने की गलती/लेखन-त्रुटि
Close Scrutiny	सूक्ष्म जाँच
Close Watch	कड़ी निगरानी
Closing balance	रोकड़ बाकी/अंतशेष
Closing date	आखिरी तारीख/अंतिम तिथि
Co-curricular activities	पाठ्यानुवर्ती कार्यकलाप
Code of Conduct	आचार संहिता/आचरण संहिता
Coincidence	संयोग/संपात
Cold Storage	शीतल भंडारगृह/शीतागार
Collaboration	सहयोग
Collection	वसूली/संग्रहण/इकट्ठा
Commendable efforts	प्रशंसनीय प्रयास/सराहनीय प्रयास
Commensurate	अनुरूप/तुल्य
Comments	टिप्पणी/समीक्षा/टीका-टिप्पणी
Commercial credits	वाणिज्यिक ऋण
Curriculum	पाठ्यचर्या
Custodian	अभिरक्षक
Custom	सीमा शुल्क
Cut motion	कटौती प्रस्ताव

D

Daily Allowance	दैनिक भत्ता
Data	आँकड़े/आधार सामग्री
Dating back	पिछली तारीख डालना/पूर्व दिनांकन
Dead Account	बंद खाता
Dead lock	गतिरोध
Dead loss	पूर्णहानि
Deal Work	सौदा/व्यापार/व्यवहार/बर्ताव
Deal	क्रिया निपटाना

Dearness allowance	महँगाई भत्ता
Dearth	कमी
Debar	वर्जित करना/रोकना/वारण करना
Debenture	ऋण पत्र
Debit	नामे डालना/सं.नामे, डेबिट
Debt	ऋण
Decade	दशक/दस वर्ष की अवधि
Declaration	घोषणा
Decontrol	विनियंत्रण/नियंत्रण हटाना
Decentralisation	विकेंद्रीकरण
Deed	विलेख/कर्म
De facto	वस्तुतः
Default	चूक/त्रुटि/व्यतिक्रम/बकाया/अभाव
Deber to	अस्थगित करना
Deficiency	कमी
Deficit	घाटा/कमी
Defy	अवज्ञा करना
Defunct	निष्क्रिय
Delegate	प्रत्यायोजित करना/सौंप देना/(सं.) प्रतिनिधि
Delete	निकाल देना
Demurrage	विलम्ब शुल्क
Deposit	जमा/निक्षेप
Depreciation	मूल्य-ह्रास/अवक्षय
Depression	मंदी
Deputation	शिष्टमंडल/प्रतिनिधि-मंडल/प्रतिनियुक्ति
Detention	रोकना/नज़रबंदी निरोध (विधि)
Devaluation	अवमूल्यन
Deviation	हटना/अंतर/विचलन
Dictation	श्रुत लेख
Diminishing utility	ह्रासमान उपयोगिता
Directive	निदेश/निदेशात्मक
Disbursement	वितरण/संवितरण/बाँटना
Discharge of bill	बिल चुकता करना

Discount	छूट/बट्टा
Discrepancy	असंगति/विसंगति
Disposal	निपटान/निवर्तन/व्ययन
Disqualification	अनर्हता/अयोग्यता
Dividends	लाभांश
Division	प्रभाग/विभाजन/मंडल/श्रेणी
Documentation	उपस्थापन/प्रलेखीकरण/प्रलेखन
Down Payment	तत्काल अदायगी
Drawee	अदाकर्ता
Duty	कर्तव्य-भार/कार्य शुल्क
Dying declaration	मृत्युकालिक कथन

E

Earliest Possible	यथाशीघ्र
Earamarked	उद्दिष्ट
Earned	अर्जित
Earnest money	बयाना/पेशगी
Economic Compaign	मितव्ययिता अभियान
Economic Planning	आर्थिक आयोजना
Educated unemployment	सस्ता/मितव्ययी/किफायती
Effective rate	प्रभावी दर
Efficiency	दक्षता/कुशलता/कार्य-कुशलता
Elaborate	विस्तृत/विस्तार से कहना
Eligible	पात्र/योग्य
Emoluments	परिलब्धियाँ/उपलब्धियाँ
Employer	नियोक्ता/नियोजक
Employment Exchange	रोजगार दफ्तर
Enactment	अधिनियम/कानून
En-block	एक साथ/सामूहिक रूप में
Enclosure	संलग्नक
Endorsement	पृष्ठांकन/समर्थन
En-mass	सामूहिक रूप से
Enseeing	आगामी
Enterprises	उद्यम/प्रतिष्ठान

Entitlement	हकदारी/पात्रता
Environment	पर्यावरण/परिवेश
Envisage	आयोजन करना/कल्पना करना
Equilibrium	संतुलन
Equivalent	पर्याय
Erstwhile	भूतपूर्व/पहले का
Essential Commodities	अत्यावश्यक वस्तुएँ
Estate Duty	सम्पदा शुल्क
Estimates	अनुमान/प्राक्कलन/आकलन
Examiner	परीक्षक
Examination	परीक्षा/जाँच-पड़ताल करना/परीक्षण
Exchange	विनिमय/एक्सेंच केंद्र
Exchange Ratio	विनियम दर
Exchequer	राजकोष/खजाना
Excise Duty	उत्पादन शुल्क
Execution	कार्य संपादन/निष्पादन/प्राणदंड
Ex-gratia	अनुग्रहपूर्वक
Exigency	अनिवार्यता/अत्यावश्यकता/तात्कालिक आवश्यकता
Exonerate	भारमुक्त करना/दोषमुक्त करना/आरोपमुक्त करना
Expedency	समीचीनता/कालोचितता
Expertise	विशेषज्ञता
Export based industry	निर्यात प्रधान उद्योग
Expulsion	बहिष्करण/निष्कासन/निर्वासन
Extracts	उद्धरण/सार
Eye Witness	चश्मदीद गवाह/प्रत्यक्ष साक्षी

F

Face Value	अंकित मूल्य
Facts and Figures	तथ्य और आँकड़े
Features	विशेषताएँ/खास-खास बातें
Fedelity	ईमानदारी/निष्ठा/दफादारी
Fillip	प्रोत्साहन/बढ़ावा

Finalisation	अंतिम रूप देना
Financial year	वित्तीय वर्ष/वित्त वर्ष
Findings	निष्कर्ष/जाँच-परिणाम
Finished goods	तैयार माल
Firm	कम्पनी/फर्म/व्यवसाय/प्रतिष्ठान
Fiscal	राजस्व संबंधी/राजकोषीय
Fiscal Policy	राजकोषीय नीति
Fixation	नियतन/अचल पूँजी निवेश
Fluctuations	घटा-बढ़ी/उच्चावचन/घट-बढ़/उतार-चढ़ाव
Fluid resources	चल साधन
Foreign assets	विदेशी परिसम्पत्तियाँ
Foreign Trade	विदेशी व्यापार
Formal Sanction	औपचारिक संस्वीकृति/मंजूरी
Fortuitous	आकस्मिक
Forthcoming	आगामी
Forum	मंच
Forward Dealing	अगाऊ सौदा
Forwarding letter	अग्रेषण पत्र
Frequency	आवृत्ति/बारम्बारता
Free-hold	पूर्ण धृति/पूर्ण स्वामित्व
Free on Rail (FOR)	रेलपर्यन्त निःशुल्क/रेलभाड़ा मुक्त
Freeze Wage	मजदूरी वृद्धि रोक

G

Gain and Loss	लाभ और हानि
General Growth rate	सामान्य वृद्धि दर
Greneral Budget	वार्षिक बजट/सामान्य बजट
Gestation Period	प्रारंभिक अवधि/निर्माण काल
Glaring disparity	अत्यधिक असमानता/घोर असमानता
Global tender	विश्वव्यापी टेंडर/निविदा
Good faith	सद्भाव
Goodwill	सद्भावना/सदिच्छा/सुनाम
Government Estate	राज संपदा

Grace Period	रियायती अवधि
Grants in-aid	सहायतानुदान
Gratuity	उपदान
Gross abuse	भारी दुरुपयोग/घोर दुरुपयोग
Guarantee	गारंटी/प्रत्याभूति/आश्वासन
Guarantor	गारंटी देने वाला/आश्वासक
Guidelines	मार्गदर्शी/निर्देशक सिद्धांत

H

Habitual defaulter	अभ्यास्यिक/दोषी/बकायादार
Haltage/Halting allowance	विराम भत्ता
Handicapped	विकलांग/अक्षम/बाधाग्रस्त
Handling Charges	माल चढ़ाने-उतारने का खर्च
Hand Over	सौंपना/देना
Hard currency area	दुर्लभ मुद्रा क्षेत्र
Haulage	ढुलाई खर्च
Hazard	संकट/जोखिम
Heavy Industry	भारी उद्योग
Heirarchy	उच्चक्रम
Heterogeneous	विजातीय/विषम
Higgling	मोलभाव करना
High-lights	विशिष्टताएँ/खास-खास बातें/प्रमुख
High Powered Committee	उच्च अधिकार प्राप्त समिति
Hire-Parachase basis	किराया-खरीद आधार पर/भाड़ा क्रय आधार पर
Hoarding	जमाखोरी
Holding	जोत/धृति
Honorarium	मानदेय
Honorary	अवैतनिक
Human right	मानव-अधिकार
Human Welfare	मानव कल्याण
Hypothecate	गिरवी/बंधक रखना

I

Ibidem (Ibid)	वही
Identical	समान/समरूप/तद्रूप/एक जैसा
Identifiable	अभिज्ञेय/पहचानने योग्य
Identity Card	पहचान-पत्र।
Idel money	निष्क्रिय द्रव्य/बेकार धन
Illicit	निषिद्ध/अवैध
Imbalance	असंतुलन
Imminent	सन्निकट/समुपस्थित/आसन्न
Impetus	प्रोत्साहन
Impersonation	प्रतिरूपण
Import License	आयात लाइसेंस
Impounded	अवरुद्ध/रुका हुआ/परिबद्ध
Improvement measures	सुधार के उपाय
Improvisation	तात्कालिक/काम चलाऊ व्यवस्था
Inapplicable	लागू न होना/अप्रयोज्य
Incentive	प्रोत्साहन/प्रेरणा
Incharge	प्रभारी/भार-साधक
Incidental	प्रासंगिक/आनुषंगिक
Inconsistent	असंगत
Incorporated	निगमित/समाविष्ट/सम्मिलित
Indebtedness	ऋणग्रस्त/ऋणभार
Indemnity	क्षतिपूर्ति करना
Indemnity bond	क्षतिपूर्ति बंध प्रपत्र
Indenture	ऋणपत्र/करारनामा/विलेख/दस्तावेज़
Indentor	माँगकर्त्ता
Index	अनुक्रमणिका/अनुक्रमणी/सूचक
Indignous	देशी/स्वदेशी
Indispensable	औद्योगिक आधार
Industrial base	अनिवार्य/अपरिहार्य
Industrial Finance Corporation	औद्योगिक वित्त निगम
Industrialisation	औद्योगीकरण/उद्योगीकरण
Inferior goods	घटिया माल

Infra-Structure	अवस्थापना
Infringe	अतिलंघन करना/उल्लंघन करना
Infructuous expenditure	निष्फल खर्च
Inherent Powers	अंतर्निहित शक्तियाँ
Inhibit	प्रवीणता
Initia(s)	प्रारम्भिक आद्यक्षर
Initial Spurt	प्रारम्भिक अवस्था
Innovation	नवीन प्रक्रिया/नयी रीति
Input output analysis	निविष्ट उत्पादन विश्लेषण
Instant	तात्कालिक/तत्क्षण
Instruction	निर्देश/अनुदेश/हिदायत
Instrument	प्रपत्र/उपकरण/साधन/हथियार/यंत्र/ अधिकार-पत्र
Intact	अक्षुण्ण
Integral Part	अविभाज्य/अभिन्न अंग
Integrity	अखंडता/सत्यनिष्ठता/ईमानदारी
International trade	अंतरराष्ट्रीय व्यापार
Interpretation	निर्वचन अर्थ निर्णय/व्याख्या
Interruption	अंतर्बाधा/विघ्न/व्यवधान
Intervention	हस्तक्षेप/अंतःक्षेप/बीच में पड़ना
Intera-marginal	सीमा के अंदर
Invalid	अवैध/अविधिमान्य
Inventory	मालसूची/वस्तुसूची/फेहरिस्त
Investor	विनियोक्ता
Invoice	बीजक
Invoice-performa	कच्चा बीजक
Involved loans	वसूल न हो सकने वाला ऋण
Irredeemable bond	अप्रतिदेय बांड
Issue	निर्गम/जारी करना
Item	मद/विषय/वस्तु (यथा संदर्भ)

J

Joining report	कार्यारंभ प्रतिवेदन
Joint Liability	संयुक्त देयताएँ/दायित्व

Joint stock enterprise	मिश्रित पूँजी उपक्रम
Joint Venture	संयुक्त उपक्रम
Judiciously	विवेकपूर्वक/समझदारी से/विवेक सम्मत
Junior	कनिष्ठ/अवर
Jurisdiction	क्षेत्राधिकार/अधिकार/क्षेत्र/अधिकारिता
Justification	औचित्य/तर्कसंगति
Juvenile	बाल/बाल्य/किशोर
Juvenile Offender	किशोर अपराधी

K

Key Industry	मूल/प्रमुख उद्योग/आधारभूत उद्योग
Key Personnel	प्रमुख कर्मचारी वर्ग/कार्मिक
Key raw material	आधारभूत कच्चा माल
Key sector	मूल क्षेत्र
Know how	जानकारी/तकनीकी जानकारी

L

Labour award	श्रम पंचाट
Labour division	श्रम विभाजन
Labour legislation	श्रम कानून
Labour organisation	श्रम संगठन/मजदूर संगठन
Labour Union	मजदूर संघ
Lag	अंतराल
Land acquisition	भूमि अधिग्रहण
Land mark	मोड़ बिन्दु/युगांतकारी घटना/सीमा चिह्न
Large Industrial house	बड़े औद्योगिक गृह
Large Scale Industry	बड़े पैमाने का उद्योग
Later half	उत्तरार्द्ध
Latest	अद्यतन/नवीनतम
Lay off	कामबंदी
Law and order problem	कानून और व्यवस्था की समस्या
Lean year	मंदा वर्ष
Letter of Attorney	मुख्तारनामा
Letter of Credit	साख/उधार-पत्र

Liability	देनदारी/दायित्व
Liaison	संपर्क
License	अनुज्ञप्ति/लाइसेंस
Lien	पुनर्ग्रहणाधिकार/धारणाधिकार
Liquidation	परिसमापन/शोधन/निर्धारण
List of business	कार्य-सूची
Live stock	पशुधन
Loan of mortgage	बंधक कर्ज
Lock out	तालाबंदी
Long period equilibrium	दीर्घकालिक संतुलन
Long term expectation	दीर्घकालिक आशाएँ
Low paid employee	कम वेतन पाने वाला कर्मचारी
Lowest rate	न्यूनतम दर
Lump sum	एक राशि/एक मुख

M

Machinery of Govenment	शासन-व्यवस्था/यंत्र
Magazine	गोदाम/आयुधागार/पत्रिका/बारूद
Main handicaps	मुख्य बाधाएँ
Maintenance	अनुरक्षक/भरण पोषण/रखना
Majority	वयस्कता/बहुमत/बहुसंख्यक
Mojority holdings	बहुलांश स्वामित्व
Man hours	काम के घंटे/श्रम घंटे
Manipulate	चलाना/जोड़-तोड़ करना
Manoeuver	युक्तिचालन/दाँव-पेंच/कपट-प्रबंध/युद्धायास
Man Power	जन-शक्ति
Manifold	अनेक प्रकार का
Manual	नियमावली/कार्यसाधन-नियम/पुस्तिका
Manual labour	शारीरिक श्रम
Manufacture	विनिर्माण/बनाना
Manuscript	पांडुलिपि-हस्तलेख
Margin	हाशिया/गुंजाइश/उपांत
Margin money	सीमांत धनराशि

Margin utility	सीमांत उपयोगिता
Marginal decline	थोड़ी बहुत कमी
Marketing Officer	विपणन अधिकारी
Matching grant	बराबर का अनुदान/अनुरूपयोजी/अनुदान
Material Management	सामग्री प्रबंधन
Material resources	भौतिक संसाधन
Maximum	अधिकतम/ज्यादा-से-ज्यादा
Mechanisation	यंत्रीकरण
Mediatoic	मध्यस्थ/मध्यम
Medium Scale Production	मध्यम स्तर का उत्पादन
Merchantise marks	व्यापारिक चिह्न
Metreculous	सूक्ष्म
Metropolitan Cities	राजधानी नगर/महानगर
Minimum Price	न्यूनतम कीमत
Ministerial Level	अनुसचिवीय स्तर/लिपिकवर्गीय स्तर
Minority	अल्पसंख्यक/अल्पसंख्यक वर्ग
Miscellaneous	फुटकर/विविध
Mobile	चल/चलता-फिरता
Mobilisation	जुटाना/गतिशीलता/जुटाव
Modalities	तरीके/रीतियाँ
Moderate	साधारण
Monetary crises	मुद्रा-संकट
Monetary expansion	मुद्रा का प्रसार
Monetary Incentive	मुद्रा सम्बन्धी सहायता
Monetary System	मुद्रा प्रणाली
Monetary Stringency	मुद्रा की तंगी
Money	रुपया/राशि/धन/मुद्रा
Money Market	मुद्रा बाज़ार
Money rate	ब्याज दर
Monitoring	देख-रेख करना/अनुवीक्षण करना
Monopoly	एकाधिकार/एकाधिपत्य
Mortgage	बंधकग्राही/बंधकदार
Moratorium	(ऋण) अधिस्थगन/मोहलत
Moratorium Period	स्थगन अवधि

More of less	कमोबेश
Motivation	अभिप्रेरणा
Mounting Prices	बढ़ती कीमतें
Multilateral trade	बहुपक्षीय व्यापार
Multilateral	बहुपक्षीय
Muster-roll	उपस्थिति नामावली/हाजिरी रजिस्टर
Mutilated	कटा-फटा/विकृत
Mutation	नामांतरण/दाखिल-खारिज
Mutatis Mutandis	आवश्यक परिवर्तनों सहित

N

Naked debenture	साधारण ऋण पर
National Debt	राष्ट्रीय ऋण
National Income	राष्ट्रीय आय
Natural resources	प्राकृतिक साधन/संपदा
Naturalisation	देशीयकरण
Negotiation	बातचीत/वार्ता (समझौते की)
Negligable	नगण्य
Net investment	शुद्ध/निवल पूँजी निवेश
Net Proceeds	शुद्ध/निवल प्राप्तियाँ
Net Profit	शुद्ध लाभ
Neutral	तटस्थ/उदासीन
Neutralise	निष्प्रभाव करना
Nomenclature	नामपद्धति/नामावली/नाम/सूची
Nominal	सांकेतिक/मामूली
Nominate	नामित करना/नाम-निर्देशन
Nomination paper	नामांकन पत्र/नामजदगी-पत्र
Nominee	नामिती/नामित व्यक्ति
Non-Compliance	अननुपालन/अननुवर्तन/अपालन
Non-Inflationary	अस्फीतिकारी
Non-Judicial	न्यायिकेतर
Non-Official	गैर-सरकारी/अशासकीय
Non-Plan	योजनेतर (आयोजना से इतर)
Non-resident	अनिवासी (विदेशी)/गैर निवासी

Non-recurring	अनावर्ती
No-profit, no less basis	न लाभ, न हानि के आधार पर
Norms	मानदंड/मानक
Noticeable	उल्लेखनीय/ध्यान देने योग्य
Notification	अधिसूचना
Null and Void	निष्प्रभाव/अकृत और शून्य/बातिल और शून्य
Nursey	पौधशाला

O

Oath	शपथ
Obituary	निधन सूचना
Objection	आपत्तियाँ
Objectives, indirect	गौण उद्देश्य
Objectives	ध्येय/उद्देश्य
Obligation	दायित्व/अनिवार्य/बाध्यता/आभार/बंधन
Obligatry	बाध्यकर/अनिवार्य
Obsolete	लुप्त/पुराना/अप्रचलित
Offer	प्रस्ताव/नियुक्ति प्रस्ताव
Official language	राजभाषा
Official rate	प्राधिकृत दर
Omission	विलोपन/लोप/चूक
On deputation	प्रतिनियुक्ति पर
On demand	माँगने पर
Once and for all	स्थायी रूप से/हमेशा के लिए
On duty	कर्तव्यारूढ़/ड्यूटी पर/काम पर
One way traffic	एकतरफा यातायात
On probation	परिवीक्षाधीन/परखाधीन
Open Market Policy	खुले बाजार की नीति
Opening balance	आदि शेष/रोकड़ जमा
Operative	प्रवर्ती/प्रभावी/परिवर्तनशील/कर्मी/प्रचालक
Opportune moment	उपयुक्त समय

Optimum	अनुकूलतम/इष्टतम
Optimum Utilisation	इष्टतम उद्योग/उपयोग
Option	विकल्प
Optional	वैकल्पिक
Order of Merit	गुणानुक्रम/योग्यता के क्रम में
Order of Seniority	वरिष्ठता क्रम
Orders	आदेश
Organisation	संगठन/व्यवस्था/आयोजन
Orientation	नवीकरण/अभिविन्यास
Original Cast	मूल लागत
Original estimate	मूल अनुमान
Out-dated	अप्रचलित
Output	उपज/पैदावार/उत्पादन/उत्पत्ति
Output capacity	उत्पादन-क्षमता
Out of date	पुराना/गतावधिक
Outward register	जावक बही
Out right	सीधा सर्वथा/नितांत/पूर्णतया
Outstanding	बाक़ी/अप्राप्त/असाधारण/उत्कृष्ट
Outstanding balance	बकाया रकम
Over all	सर्व/संपूर्ण/समस्त/कुल/समग्र
Over all deficit	समग्र/कुल घाटा
Over estimate	अत्यनुमान/अधिक अनुमान लगाना/ अधिआकलन
Over due payment	खड़ा भुगतान/नियत तिथि को न प्राप्त हुआ भुगतान
Over head charge	ऊपरी खर्च/ऊपरी प्रभार
Over-lapping	परस्पर व्यापी/अतिव्याप्ति
Over-rule	अस्वीकार करना/उलटना/विरुद्ध व्यवस्था देना
Overtime	समयोपरि/अतिरिक्त समय
Owner's risk	स्वामी के दायित्व पर/मालिक की जोखिम

P

Package deal	एकमुश्त सौदा

Package of iccentives	अनेक प्रोत्साहन
Paid	प्रदत्त/भुगतान किया गया
Paid up Capital	चुकता/प्रदत्त पूँजी
Par	अंकित मूल्य
Parapharase	भावानुवाद
Parity of exchange	विनिमय क्षमता
Part delivery	अंश/आंशिक सुपुर्दगी
Parttime labour	अंशकालिक श्रमिक
Participants	हिस्सेदार/भागीदार सहभागी
Particulars	विस्तृत विवरण/ब्यौरा/विशिष्टयाँ
Particularly	विशेष रूप से
Passive	निष्क्रिय
Pattern	ढाँचा/नमूना/प्रतिरूप
Patronage	संरक्षण/प्रश्रय
Pecuniary	आर्थिक/धन सम्बन्धी
Pending	अनिर्णीत/लंबित/रुका हुआ
Per-capita	प्रतिव्यक्ति
Permission	अनुज्ञा/अनुमति
Permit	अनुज्ञा पत्र
Perpetual	शाश्वत
Pernnial industry	चिरस्थायी/बारहमासी उद्योग
Performance	निष्पादन/पालन
Efficiancy	कार्यक्षमता
Persistent	निरन्तर
Personal effects	निजी वस्तुएँ
Perspective	परिप्रेक्ष्य/संदर्भ
POersuasion	अनुनय/समझाना/बुझाना
Petitioner	प्रार्थी/याचिकादाता
Physical Cheking	प्रत्यक्ष/ वास्तविक निरीक्षण
Pilferage	छुट-पुट चोरी
Pionering	अग्रणी
Plan holiday	योजनावकाश
Point of order	व्यवस्था/औचित्य का प्रश्न
Portfolio (of a minister)	संविभाग

Post-facto Sanction	कार्योतर स्वीकृति
Post-Script (PS)	पश्च लेखा
Power-crisis	बिजली-संकट
Preceding	पूर्ववर्ती/पूर्वगामी
Precedent	पूर्वोदाहरण/नजीर
Pre-paid charges	पूर्वदत्त प्रभार
Pre-requisite	पूर्वापेक्षाएँ
Prescribed	विहित/निर्धारित
Presumed	प्रकल्पित
Prevailing	प्रवृत्त/विद्यमान
Preventive	निवारक
Price-index	मूल्य सूचकांक
Prime cost	प्राथमिक लागत
Prior indications	पूर्वाभास/पूर्व संकेत
Pricvate Sector	निजी/गैर-सरकारी क्षेत्र
Probation	परिवीक्षा/परख/आजमाइश
Proceeds	आय/प्राप्तियाँ/आगम
Proceedings	कार्यवाही
Process	प्रक्रिया/प्रक्रम/संसाधन
Profit	लाभ
Proforma	प्रपत्र/निदर्शन-पात्र/फार्म
Proposar	प्रस्तावक/प्रस्थापक
Pro-rata	यथानुपात
Prorogue	सत्रावसान करना
Pros and cons	पक्ष-विपक्ष/आगा-पीछा
Prospectus	विवरण-पत्रिका
Protest	विरोध/प्रतिवाद
Protocol	नयाचार/प्रोटोकॉल
Provident fund	भविष्यनिधि/निर्वाह निधि
Proxy	प्रतिपत्र/प्रतिपत्री/परोक्षी
Public auction	सार्वजनिक नीलाम
Pubic health	लोक स्वास्थ्य
Public holiday	सार्वजनिक अवकाश
Public interest	लोकहित

Punishable	दंडनीय
Punitive	दंडात्मक
Purchase	(सं.) क्रय/खरीद/(क्रि.) खरीदना/क्रय करना
Purely temporary	बिल्कुल अस्थायी
Pursue	पीछे लगे रहना
Purview	क्षेत्र/कार्यक्षेत्र
Put in abeyance	प्रायश्चित करना

Q

Qualified	अर्हता/योग्यता प्राप्त/योग्य
Quantitative	परिमाणात्मक/मात्रामूलक
Quarterly	तिमाही/त्रैमासिक
Quantum	मात्रा/अंश/प्रमात्रा
Query	प्रश्न/प्रश्नचिह्न
Question hour	प्रश्नोत्तर काल/प्रश्न अवधि
Question of Properiety	औचित्य का प्रश्न
Quote	दर बताना

R

Radical Change	आमूल परिवर्तन
Raid	छापा/धावा
Randum/Random	अनियत/अनियमित/सांयोगिक/यादृच्छिक
Rate Contract	दर-संविदा/दर ठेका
Ratification	अनुसमर्थन
Rationalisation	औचित्य-स्थापन/वैज्ञानिकीकरण/युक्तिकरण
Rationality	विचारशीलता
Raw material	कच्ची सामग्री/कच्चा माल
Re-ailignment	पुनः व्यवस्थित
Realisation	वसूली/उगाही
Re-appropriation	पुनर्विनियोग/पुनर्विनियोजन
Rebate	छूट/कटौती/घटौती

Recipient	पानेवाला/आदाता
Recession	मन्दी/गिरावट/सुस्ती
Reciprocal	परस्पर/पारस्परिक/अन्याय
Recognised	मान्यता प्राप्त
Reconciliation of accounts	हिसाब-किताब बैठाना/लेखा समाधान
Record-production	अभूतपूर्व उत्पादन
Recurring	आवर्ती/आवर्तक
Redeemable	प्रतिदेय/परिशोध्य
Redemption	शोधन/वापसी/छुड़ाना/प्रतिदान मोचन
Refinery	शोधन कारखाना
Regional	क्षेत्रीय/प्रादेशिक
Regret	खेद/खेद प्रकट करना
Regularisation	विनियमन/नियमितीकरण
Re-imburse	प्रतिपूर्ति करना
Re-inforced	पुनर्वलित
Re-instantment	बहाली
Reiterate	दुहराना/पुनः कथन/फिर कहना
Reject	अस्वीकार करना
Rejoinder	प्रत्युत्तर/प्रतिवाद
Relative	सापेक्ष्य/सापेक्षिक/सम्बन्धी
Relevancey	सुसंगति/संबद्धता
Relieving officer	अवमोचन/कार्यमुक्ति अधिकारी
Remark	अभ्युक्ति/विचार
Remarkable	उल्लेखनीय
Remedial	सुधारात्मक/उपचारात्मक/उपचारी
Remission of revenue	राजस्व/मालगुजारी की छूट
Remuneration	पारिश्रमिक/मेहनताना
Replenishment	प्रतिपूर्ति/पुनः पूर्ति
Representative	प्रतिनिधि
Reprimand	भर्त्सना/फटकार
Repugnant	विरुद्ध/प्रतिकूल
Requisition	माँग/अधिग्रहण
Reseind	विखंडित करना
Restoration	पुनः स्थापना/फिर से चालू करना

Restraint	अवरोध/नियंत्रण/निग्रह/संयम
Retail trade	फुटकर व्यापार
Retrospective	अतीत प्रभावी/भूतलक्षी
Revalidation	पुनर्मूल्यांकन/पुनर्मूल्यन
Revenue deficit	राजस्व घाटा
Reversion	प्रत्यावर्तन/परावर्तन
Revised estimate	संशोधित अनुमान/परिशोधित आकलन
Revision	पुनरीक्षण/दोहराना/परिशोधन
Revival	पुनरुज्जवीन/पुनरारम्भ/पुनः प्रवर्तन
Revolving fund	परिक्रामी निधि
Rise and fall	उतार-चढ़ाव
Royalty	रॉयल्टी/स्तत्व शुल्क
Rural indebtedness	ग्रामीण ऋण-ग्रस्तता

S

Sack	बर्खास्त करना/निकाल देना
Safe-guard	सुरक्षा
Sagging market	गिरता हुआ बाज़ार
Salaried class	वेतनभोगी वर्ग/वैतनिक वर्ग
Salient features	प्रमुख बातें
Salvage and Scrap	कबाड़ और रद्दी
Schedule	अनुसूची/तालिका
Scope	विषय क्षेत्र/कार्य-क्षेत्र/गुंजाइश/परिधि/विस्तार
Scorer	गणक
Scored out	काट दिया गया
Screening Committee	अनुवीक्षणकारी समिति/छानबीन समिति
Scruitiny	संवीक्षा/छानबीन
Security Capital	प्रतिभूति-पूँजी
Semi-autonomous	अर्द्ध-स्वायत्त
Seminar	गोष्ठी/संगोष्ठी/विचार-गोष्ठी
Sequence	तारतम्य/अनुक्रम
Sericulture Industries	रेशम उद्योग
Set aside	रद्द करना

Severance	विभाजन/पृथक्करण/सम्बन्ध-विच्छेद
Share	अंश/हिस्सा/भाग/साक्षी होना
Sheltered markets	संरक्षित बाजार
Shift-System	पारी प्रणाली
Sick Units	रुग्ण/संकटग्रस्त एकक
Sizable number	अधिक संख्या
Slab-System	खंड पद्धति
Sleeping Partner	निष्क्रिय साझेदार/भागीदार
Small Scale Industry	लघु उद्योग
Smuggling	तस्करी/तस्कर व्यापार
Social Security	सामाजिक सुरक्षा
Soft currency	सुलभ मुद्रा
Spare	अतिरिक्त/फालतू
Special grants	विशेष अनुदान
Specialist	विशेषज्ञ
Speculation	सट्टा-अनुमान/अटकल
Stable	स्थिर/स्थायी
Stable price	स्थिर कीमत
Stagnation	गतिरोध/रुका रहना/गतिहीनता
Staple Commodities	मुख्य वस्तुएँ
Statistical	सांख्यिकीय
Statistics	संख्यिकी/आँकड़े
Status quo	यथापूर्व स्थिति
Statutory	सांविधिक/कानूनी/विधिक
Stereo-typed	रूढ़िबद्ध/रूढ़
Stipulated	अनुबंधित
Strike	हड़ताल/आघात करना
Stringency	अर्थसंकट/तंगी/कठोरता/दृढ़ता/कड़ापन
Sub-head	उप-शीर्षक/शीर्ष
Subordinate	अधीनस्थ/अधीन/मातहत
Subsequent action	अनुवर्ती कार्यवाही
Subsequently	तत्पश्चात/बाद में
Subsidiary bodies	आनुषंगिक निकाय/सहायक सेवाएँ
Subsidised	राज सहायता प्राप्त/इमदादी

Succeding	अनवुर्ती/उत्तरवर्ती
Summing up	सार देते हुए/उपसंहार
Sundry Receipts	फुटकर प्राप्तियाँ
Superficial	सतही/ऊपरी
Supersession	अतिक्रमण/अधिक्रमण
Supplementry	पूरक/अनुपूरक
Surety bond	जमानत बंध-पत्र
Surplus budget	मुनाफे का बजट/बचत का बजट
Surrender	अभ्यर्पण
Survey	सर्वेक्षण
Suspension	निलंबन/मुअत्तली
Symposium	विचार गोष्ठी/परिसंवाद
Synopsis	रूपरेखा/विषय-संक्षेप/सार-संक्षेप
Synthetic	संश्लिष्ट
System	पद्धति/व्यवस्था/निकाय/तंत्र/प्रणाली

T

Table	मेज/पटल/सारणी
Tacit	अप्रकट/मौन/अव्यक्त
Technically feasible	तकनीकी दृष्टि से व्यवहार्य
Technological	प्रौद्योगिकी/उद्योगविद्या/शिल्प-विज्ञान
Tenure	कार्यकाल/अवधि/पट्टा/भुधृति
Termination notice	समाप्ति सूचना
Terms of reference	विचारार्थ विषय/निर्देश पद
Thrift	मितव्ययिता
Time barred	कालातीत
Time bound	समयबद्ध
Time deposit	सावधि जमा
Time money	मियादी ऋण
Trafficking in Licences	लाइसेंसों की चोर-बाजारी
Transaction	सौदा/लेन-देन/संव्यवहार
Transportation	परिवहन
Tribunal	न्यायाधिकरण/अधिकरण
Turn Over	कारोबार/कुल बिक्री/पण्यावर्त

Typographical error	टंकण/मुद्रण भूल

U

Unbalance budget	असंतुलित बजट
Under Consumption	कम खपत/अल्प उपभोग
Under employment	अल्प रोजगार
Underlined	अंतर्निहित/रेखांकित
Under review	समीक्षाधीन
Undertaking	उपक्रम/प्रतिष्ठान/वचनबंध
Under Writer	हामीदार
Unequivocal	स्पष्ट/असंदिग्ध
Unfavourable balance of trade	प्रतिकूल व्यापार शेष
Unforceseen	अदृष्ट/अनपेक्षित
Unilateral decision	एकपक्षीय निर्णय
Unofficial	अशासनिक/अशासकीय/गैर-सरकारी/ अनौपचारिक
Unorganised Sector	असंगठित क्षेत्र
Unremunerative	अलाभकारी
Unsecured Loan	असुरक्षित/अरक्षित ऋण
Usurp	हड़पना

V

Vague	अस्पष्ट/अनिश्चित
Validity period	वैधता अवधि
Valuation	मूल्यांकन/मूल्य-निर्धारण
Veto	निषेधाधिकार/वीटो
Violation	उल्लंघन/अतिक्रमण
Virtually	वस्तुतः
Vivid	सुस्पष्ट
Void	निष्प्रभाव/शून्य
Voluntary Settlement	ऐच्छिक निपटान/स्वैच्छिक निपटारा
Vote on account	लेखानुदान

W

Wage	मजदूरी/मजूरी.
Waive	अधित्याग करना/छूट देना
Warehouse	मालगोदाम प्रभार
Warrant	अधिपत्र
Wear and tear	टूट-फूट/घिसावट
Wholesale	थोक व्यापार
Whole time	पूर्णकालिक
Wide spread	व्यापक
Wind fall income	अप्रत्याशित आय
Worlwide recession	विश्वव्यापी मंदी
Write off	बट्टेखाते डालना
Write up	आलेख

Y

Yardstick	मानदंड
Yield	उपज/पैदावार/लब्धि
Young economy	नवोदित अर्थव्यवस्था

Z

Zonal	क्षेत्रीय/आंचलिक